Eike Christian Hirsch

Deutsch kommt gut

Sprachvergnügen
für Besserwisser

W0179388

Verlag C. H. Beck

Originalausgabe

Verlag C. H. Beck oHG, München 2008
Gesamtherstellung: Druckerei C. H. Beck. Nördlingen
Umschlagentwurf: +malsy, Willich
Umschlagabbildung: Jussi Steudle
Printed in Germany
ISBN 978 3 406 56814 5

www.beck.de

Meinen Kindern gewidmet:
Luise und Jakob, Laura und Eva

Inhalt

I Einen Start hinlegen

Alles auf Eis

Chefredakteur Heiner Missfeldt legt vieles auf die Goldwaage, besonders sprachliche Bilder. Einmal sagte der junge Kollege Kotte in der Redaktionskonferenz: «Der russische Präsident fährt im Umgang mit seinen Widersachern *zweigleisig*.» Chef Missfeldt wiederholte das letzte Wort: zweigleisig. Redakteur Kotte verbesserte sich schnell in «doppelgleisig, meinetwegen … zweispurig!» Auch das war nicht recht. Alle Fahrzeuge auf Gleisen führen doppelgleisig, anders gehe es auch nicht, sagte der Boss, «Sie meinen wohl, der Präsident wendet zwei verschiedene Strategien an, misst mit zweierlei Maß.»

«Also, ich finde, das ist alles noch *im grünen Bereich*», rechtfertigte sich Kotte. Das hätte er nicht sagen sollen. «Wie Sie vielleicht wissen, gibt es bei Armaturen und auch sonst in der Technik keinen grünen Bereich, nur einen roten», sagte Missfeld.

Unruhe bei den Kollegen. «Sie merken, Herr Kotte», sagte jemand, «hier wird jeder geblitzt, der bei *Rotlicht* noch auf der sprachlichen Kreuzung ist.» Heiner Missfeldt schüttelte den Kopf. «Tut mir leid, aber Rotlicht kriegen Sie beim Arzt oder im Rotlichtviertel. Auf der Kreuzung werden Sie bei Rot erwischt (selbst wenn Juristen vom ‹Rotlichtverstoß› sprechen). Aber es gibt ja auch kein Gelblicht und kein Grünlicht.»

«Dann bin also ich diesmal der *Sündenbock*», knurrte der Redakteur. «Nein», entgegnete Missfeldt, «allenfalls der Sünder, denn der Sündenbock ist ja ein unschuldiges Tier, dem man nur die Sünden anderer auferlegt hat.»

«Heute finden Sie aber auch überall *Pferdefüße*», rief protestierend ein älterer Journalist. «Ach, wissen Sie, lieber Herr Kollege», entgegnete Heiner Missfeldt, «der Teufel hat bekanntlich nur *einen* Pferdefuß, und das muss reichen.»

Nun drängte jedoch der stellv. Chefredakteur zur Eile: «Wir halten uns mit Feinheiten auf, und Dringendes liegt derweil *auf Eis*!» Heiner Missfeldt seufzte nur, was nichts Gutes versprach, und sagte sanft: «Gewiss, das Bild, etwas liege ‹auf Eis›, ist alt und kaum zu ändern; aber unter uns gesagt, es hat noch nie gestimmt, denn als man noch mit Eisblöcken kühlte, lag das zu kühlende Gut unter ihnen, denn Kälte sinkt bekanntlich nach unten.»

«Zur Sache», sagte der Stellvertreter, «ich schlage als Headline vor ‹Koalition kann sich nur auf *kleinsten gemeinsamen Nenner* einigen›. Trifft das die Sache?» Schon wollten alle nicken, als Heiner Missfeldt erneut eine Goldwaage zu benutzen schien. «Was für ein sonderbares Bild», sagte er bedächtig, «ich entsinne mich noch genau, dass wir im Mathe-Unterricht die Brüche kürzen mussten, bis der kleinste gemeinsame Nenner gefunden war. Ein hoch erstrebenswertes Ziel. Und nun ist es fast zum Schimpfwort geworden. Als sollten die Parteien nach dem größten gemeinsamen Nenner suchen. Also – mathematisch kann das nicht stimmen.»

Die Ungeduld wuchs. Sarkastisch sagte einer: «In der sogenannten *Fehlerkultur* sind wir jedenfalls Spitze!» Heiner Missfeldt versuchte, gütig auszusehen. «Ich weiß», sagte er, «Fehlerkultur! Das soll einen vornehmen Umgang mit Fehlern bedeuten, der es erlaubt, aus Fehlern zu lernen. Und dennoch … Ich weiß ja nicht, aber ich möchte hier wirklich keine Fehler kultivieren. Eher sie vermeiden helfen.» Die Pause war peinlich.

Um endlich auch etwas Nettes zu sagen, fügte Missfeldt hinzu: «Wenigstens haben Sie nicht gesagt, wir sollten an den *Schwachstellen feilen*, wie man es manchmal hört. Denn Schwachstellen, also die stelle ich mir dünn vor. Und wenn man daran noch feilen wollte. Vielleicht sehen Sie das ja auch so …!»

«Herr Missfeldt», sagte der junge Kotte nun, «was das Abwiegen von Bildern auf der Feinwaage angeht, da spielen Sie wirklich *in einer eigenen Liga*!» Heiner Missfeldt nickte und gab sich reuig. Er schien bereit, künftig alles gelten zu lassen, bat aber darum, nicht ganz allein in einer Liga spielen zu müssen. «Dort hat man ja gar keine anderen Mannschaften mehr, an denen man sich messen kann.» Kleine Pause. Und dann: «Dabei habe ich noch viel *Potenzial – nach oben*.»

Die anderen kannten seine Ansicht schon, dass dieses «nach oben» überflüssig sei, und lachten pflichtschuldigst. «Fangen wir an zu arbeiten», sagte Missfeldt.

Die Marathonsitzungen durchstehen

Von einem Schwimmwettbewerb hieß es: «Jan Strach zeigte auf den letzten Metern Stehvermögen.» Wir können nicht glauben, dass er im Becken gestanden hat, ahnen aber, dass er die letzten Strapazen wohl gut durchzustehen wusste. Nur stammt das «Stehvermögen» aus der Sprache der Boxer. Die müssen ja nach vielen Treffern vor allem noch stehen können.

Das Wort ist beliebt geworden. «Wer kein Stehvermögen hat, bringt es in der Politik zu nichts», meinte Horst Seehofer nach den Koalitionsverhandlungen 2005. Man versteht, es ist wie im Boxring. Doch Seehofer erläuterte das: «Marathonsitzungen, wie jene der vergangenen vier Wochen, muss man schon durchstehen.» Hoppla, da haben wir gleich drei Bilder, die miteinander konkurrieren. Schon die «Marathonsitzung» ist ja verdächtig. Denn beim Marathonlauf wird gewöhnlich nicht gesessen. Aber nehmen wir es hin, Marathon im Sitzen. Außerdem irgendwie noch stehend, denn Seehofer hatte die Marathonsitzungen ja durchgestanden. Dabei dachte man, es gehe wohl eher um Sitzfleisch. Und ums Wachbleiben.

Wer eine bilderreiche Sprache liebt, der vermengt leicht manches. Der Präsident des Deutschen Groß- und Außenhandels sagte in einem Jahresrückblick: «Der Export erweist sich einmal mehr als Rettungsanker für eine ansonsten dahindümpelnde Volkswirtschaft.» Rettungsanker? Den kann man beim Dümpeln wirklich nicht brauchen, eher bei Sturm, um nicht fortgeweht zu werden. Und Sturm, nein, den kannte die deutsche Volkswirtschaft damals nicht.

Bildbrüche und -vermengungen lesen wir oft in der Zeitung, und wir freuen uns, dass nicht wir sie verursacht haben. Ein Präsident der Landwirte: «Wir werden es nicht zulassen, wenn manche meinen, auf dem Rücken der Bauern ihr Süppchen kochen zu können». Angela Merkel soll, als sie ihre Macht in der CDU ausbaute, über sich selbst gesagt haben: «Jeder fragt sich, ob er der Nächste ist, den die kalte Hundeschnauze Merkel absägt.»

Eifrige Lieferanten solcher Stilblüten sind auch die Presseleute selbst. Über eine Managerin las man: «Sie hat sich benommen wie die Elefantin im Porzellanladen und viel verbrannte Erde hinterlassen.» Und wieder zeigt sich: Ein Bild ist eine Chance, zwei Bilder sind eine Gefahr. Eine Zeitung schrieb von einem Trainer, der eine unglückliche Mannschaft zu übernehmen hatte: «Er muss die Scheiße ausbaden, die andere hinterlassen haben.» Zum Glück hieß es nicht: Er muss die Scheiße auslöffeln ... Aber auch das hat man schon gehört.

Zum Ausrutschen braucht man nicht unbedingt zwei Bilder, ein unglücklich angewandtes reicht auch schon. Über den Phaeton schrieb ein Autotester: «Damit liegt der Konkurrent aus Wolfsburg mit den süddeutschen Wagen auf gleicher Augenhöhe.» Er liegt vielleicht gut im Rennen ... Meinetwegen. Manchmal hört man auch: «Dadurch werden die Verträge durchlöchert wie Schweizer Käse.» (Womit das Gerücht verbreitet wird, die Löcher im Schweizer Käse entstünden durch nachträgliches Aushöhlen.) «Wir wollen noch einige Fehler trainieren», ruft der Fußballlehrer, als seien die nicht schon bekannt.

Doch die besten Schnitzer sind wirklich die vermengten Bilder. Manager Uli Hoeneß warnte einmal: «Sonst hätten wir einen Klotz am Bein, an dem sich auch der FC Bayern verschlucken kann.»

Direkt vom Erzeuger ins Haus geliefert

Reichlich missverständlich ist im Deutschen auch das kleine Wort «von». Eine Quelle des unfreiwilligen Humors.

Aus einer Werbung für frische Ware vom Bauernhof: «Genießen Sie unsere Grillspezialitäten, hergestellt von unseren hofeigenen Schweinen.» Die braven Tiere, möchte man ausrufen, die machen sogar selbst die Wurst! Gut, man hat verstanden. Doch es lässt sich sogar der Grund ahnen, warum es hier darauf hinausläuft, dass «von Schweinen» etwas hergestellt wurde. Richtig müsste es auf dem Werbezettel ja heißen: «... hergestellt *aus* unseren Schweinen», aber da käme der Konsument doch ins Grübeln.

Die Hofbesitzer wollten durchaus nicht schreiben: «Wir verarbeiten unsere Schweine zu Wurst und Koteletts!» Das klänge so unmittelbar. Und da ist ihnen wohl das neutralere «von» in die Feder geflossen, weil es ja auch heißt: «Alle Spezialitäten stammen von unserem Hof.»

Auch diese Werbung kommt vom Lande: «Frischeier werden direkt vom Hersteller ins Haus geliefert.» Wie bitte? Vom Hersteller geliefert? Nein, da muss bei Ihnen nicht der Hersteller selbst klingeln, aber so kann man es verstehen.

Warum ist «von» eigentlich so produktiv, wenn es um Irreführungen geht? Diese Präposition hat im Deutschen viele Bedeutungen. «Das habe ich von meiner Mutter», umschreibt die Herkunft. «Die Tischdecke wurde von meiner Mutter bestickt», benennt die Urheberschaft. Und dann gibt es noch «Fotos von meiner Mutter», eine Art Genitiv. Es ist verwirrend, und ebenso vieldeutig ist eben auch mancher Satz.

Deshalb geraten in den Zeitungen manchmal verdächtige Täter zu hilfreichen Bösewichtern: «Es gibt Speichelspuren, die vom Täter sichergestellt worden sind.» Toll, der Täter hilft bei der Fahndung! Oder nehmen wir die Überschrift: «Fünfköpfige Gruppe von jugendlichen Einbrechern festgenommen». Sie verstehen. Erstaunlich hilfsbereit, diese jungen Leute.

Das Gleiche gilt, wenn man die ganz normale Schlagzeile liest: «Alle Bedingungen von den Entführern erfüllt.» Die Entführer scheinen durchaus kooperativ, bis man merkt, dass es um die «Bedingungen von den Entführern» geht.

Es gilt weiter die alte Regel: Was missverstanden werden kann, wird auch missverstanden. Gefahr lauert immer dort, wo ein Satz passivisch formuliert wurde, so dass «von» ebenso gut auch Herkunft und Differenz bezeichnen kann: «Die Pinguine im Aquazoo haben keine Namen, denn sie sind selbst von den Pflegern äußerlich kaum zu unterscheiden.» Und man versteht leicht: Sie unterscheiden sich kaum von den Pflegern.

Solche Komik kann man vermeiden, indem man das Subjekt wechselt: Selbst die Pfleger können die Tiere nicht unterscheiden.

Ein ganz unscheinbares Beispiel für das falsche Subjekt ist der Satz: «Die Firma wurde von Siemens erworben ...» Man denkt, Siemens kauft wohl gern Firmen auf, und ist erstaunt, wenn der Satz weitergeht «... und von uns bald integriert». Eindeutig ist meist die aktivische Formulierung, etwa: «Wir haben die Firma von Siemens erworben» oder im anderen Fall «Siemens hat die Firma erworben».

Ich las über eine Versteigerung: «Angeboten wird ein Picassoporträt von seiner Freundin Dora Maar.» Und ich war erstaunt, dass Dora Maar auch gemalt, sozusagen zurückgemalt, haben sollte. Dazu hatte mich wohl das «Picassoporträt» verführt. Ein Irrtum. (Und «angeboten von Dora Maar» wurde es auch nicht.)

Große Unternehmer lassen vieles durch Gehilfen machen, weiß man. Das verführte mich zu einem Missverständnis, als ich – in den Jahren, als Joschka Fischer Außenminister war – über einen Firmengründer las: «Der Industriepatriarch lässt noch heute Pressekonferenzen von Joschka Fischer aufzeichnen und studiert sie wie ein Schauspielschüler.»

Zu voller Form laufen die Missverständnisse aber wohl nur dann auf, wenn ein deutscher Satz im Ausland formuliert worden ist. Hinweis auf einer Tüte mit Pistazien: «Wichtige Warnung. Das Verschlucken von Kleinkindern kann dazu führen, dass sie erstickt werden.»

Zusammen mit dem Eigentümer

Obwohl es einige Präpositionen gibt, bei denen sich Missverständnisse einschleichen, soll es jetzt nur um das Wörtchen «mit» gehen, aus dem schon im 19. Jahrhundert Stilblüten geschnitzt wurden. Sagte jemand seufzend: «Mit ihm verlor ich einen guten Freund», so lief er Gefahr, gefragt zu werden, ob er gleich zwei Tote zu beklagen habe. Doch diese Wendung ist, weil üblich, ganz in Ordnung. So billigen wir auch folgenden Satz aus einem Kommentar: «Wird ein Vater mit drei Kindern arbeitslos ...» Wir müssen nicht fragen, ob auch die Kinder arbeitslos wurden.

Die Präposition «mit» kann uns tatsächlich zu schaffen machen:

«Das ausgerissene Jungrind wurde schließlich zusammen mit dem Eigentümer wieder eingefangen und zurückgebracht.» Zwar haben wir verstanden, doch irgendetwas stimmt nicht, denn dieses «zusammen» hält allzu gern das falsche zusammen, hier Jungrind und Eigentümer: Das Jungrind zusammen mit dem Eigentümer wurde eingefangen? Nein. Sollte man also auch hier lieber dem Passiv entfliehen? Ja. Nehmen wir an, es war die Freiwillige Feuerwehr beteiligt. Dann lautete der Satz: «Die Feuerwehr hat das Jungrind zusammen mit dem Eigentümer eingefangen ...»

Doch halt! Das passt ebenfalls nicht ganz, denn unser «zusammen» lässt den Eigentümer weiter am Jungrind kleben. Vielleicht so: «Die Feuerwehr hat das Rind mit Hilfe des Eigentümers eingefangen ...» Noch besser, wir bilden gleich ein gemeinsames Subjekt: «Feuerwehr und Eigentümer haben das Jungrind gemeinsam eingefangen ...» Na, bitte!

Unter Journalisten aber bleibt «zusammen mit» beliebt, das sehen wir auch an dieser Meldung: «Die Polizei hat das beschlagnahmte Kokain anschließend zusammen mit den Beamten der Zollfahndung verbrannt.» Die armen Beamten!

Wie wären, so fragen wir uns, denn der Satz und das Leben der Beamten zu retten? Wird es klarer ohne dies «zusammen»? Nun, dann hieße es: «Das Kokain wurde von der Polizei mit den Beamten der Zollfahndung verbrannt.» Nein, so läuft es leider ebenfalls voll daneben. Was also ist zu machen? Sollten wir das gefährliche «zusammen» einmal austauschen? «Die Polizei hat das Kokain gemeinsam mit den Beamten der Zollfahndung verbrannt.» Das klingt allenfalls *ein wenig* besser. Am besten bilden wir wohl auch hier ein gemeinsames Subjekt: «Polizei und Zollfahndung haben ...» Endlich!

Alles, was man falsch machen kann, bietet uns noch einmal eine bayerische Regionalzeitung mit dieser Bildunterschrift zum Foto einer öffentlichen Grundsteinlegung: «Eine Grundsteinplatte wurde zusammen mit dem Bauherrn und dem Architekten im neuen Gebäude eingemauert.»

Pizza und Aal aus heimischen Gewässern

Überschrift in einer Zeitung: «Die SPD grillt und ehrt langjährige Mitglieder.» Die Worte beweisen, wie schwer es sein kann, zwei Teile eines Satzes inhaltlich zu trennen. Das gilt auch von dieser Anzeige eines Restaurants: «Pizza und Aal aus heimischen Gewässern.»

Was in einem zweigliedrigen Satz bei dem einen Satzteil steht, kann meist auf beide Satzteile bezogen werden. Manchmal soll es das aber nicht. Passiert es doch, wirkt es allerdings meist nicht so komisch wie in unseren ersten Beispielen. Von einem polnischen Autor hieß es: «Bekannt geworden ist er als Dichter und Übersetzer Schillers.» (Obwohl Schiller doch keinen Dichter mehr brauchte.) Will man verhindern, dass ein Zusatz vom einen Satzteil auf beide überspringt, muss man meist nur ein Wort wiederholen: «… und *als* Übersetzer Schillers.»

Ich merke schon, das finden nicht alle missverständlich. Wohl auch diesen Satz nicht aus einer Zeitung über Maßnahmen gegen Gewalt auf dem Pausenhof: «Konfliktlotsen sollen Streitigkeiten unter den 800 Schülern verhindern oder vermitteln.» Leider höre ich dabei das Angebot heraus: «Wir vermitteln Streitigkeiten, wenn gewünscht.» Nein? Ich versuche es mit einem weiteren Fall:

Ein Magazin brachte einen langen Aufsatz über die Vereinbarkeit von Mutterschaft und Beruf: «Noch müssen Frauen, die genau wie ihre Männer arbeiten und Kinder bekommen wollen, oft Außergewöhnliches leisten.» Zugegeben, inhaltlich ist es klar. Die Worte «genau wie ihre Männer» sollen sich nicht auf «Kinder bekommen» beziehen, sondern nur auf «arbeiten». Aber es steht so da, dass es auch «genau wie ihre Männer Kinder bekommen» bedeuten könnte. Und dann darf man schmunzeln.

Wieder wäre alles gerettet, wenn man die beiden Satzhälften durch ein oder zwei Wörter trennte: «… die genau wie ihre Männer arbeiten und die (dennoch) Kinder bekommen wollen».

Wenn wir schon bei den kleinen Unglücksfällen sind, die in der Zeitung passieren, sollten wir unsere Fußballreporter nicht übergehen, die solche Sätze zu lieben scheinen: «Der Doppelschlag durch den von Kruse herrlich freigespielten Meier und Huggel war der verdiente Lohn.» Diese Wortballung vom «freigespielten Meier und Huggel» ist echt stark. Und könnte doch mittels eines einzigen wiederholten Wortes sauber getrennt werden : »... und *durch* Huggel».

Der häufigste Fall ist jedoch der, dass man als Schreibender zum ersten Substantiv ein Adjektiv setzt, das zum folgenden Substantiv nicht passt – obwohl der Leser es auch auf das zweite Substantiv bezieht. Erläuterung zu einem Kleidungsstück: «Das ergibt eine außergewöhnliche Qualität und Tragekomfort.» Über einen unserer ganz beliebten Fernsehmoderatoren schrieb ein Journalist, er nehme «Medikamente gegen berufsbedingten Bluthochdruck und Stauballergie».

Viele von uns stören sich offenbar nur selten oder gar nicht an diesen Konstruktionen. Sie scheinen zu glauben, ein Adjektiv dürfe nicht gedanklich übertragen werden auf das nächstfolgende Substantiv. Zitieren wir einen Motorjournalisten: «Durch den niedrigen Schwerpunkt und Allradantrieb wird der Wagen recht agil.» Mein Rat ist immer derselbe: Man könnte doch ein Wörtchen wiederholen, und alles wäre gut: «Durch den niedrigen Schwerpunkt und *den* Allradantrieb ...»

Auch bei den politischen Redakteuren werden wir fündig, klar. «An der Konferenz nehmen Merkel und Putin sowie ihre wichtigsten Minister und Wirtschaftsvertreter teil.» Nun könnte man sich durchaus denken, dass Präsident Putin wirklich «seine wichtigsten Wirtschaftsvertreter» benennen und mitbringen könnte. Von Merkel müssen wir das nicht glauben. Also darf man «ihre wichtigsten» nur auf die Minister beziehen. Tut man beim Lesen aber nicht.

Häufig passt ein vorangestelltes Adjektiv schon wegen seines grammatischen Geschlechts gar nicht zur Reihe der folgenden Substantive. Von meinem Beispiel für diesen Fall gebe ich freiwillig zu, dass es nicht über mich geschrieben wurde (sonst hätte ich den Fehler gewiss verziehen): «Der Autor schreibt mit wunderbarer Leichtigkeit, Klarheit und Humor.»

Anwohner sollen Autos beschädigen

Eine Ehefrau war beim Schönheitschirurgen, zu dem ihr Mann sie geschickt hatte. Triumphierend berichtet sie: «Er hat gesagt, da ist nicht viel zu *tun!*» – «Ja, ja», seufzt ihr Mann, «dacht ich mir, da ist nicht viel zu *machen*.»

Manchmal ist es nur der kleine Unterschied zwischen Tun und Machen, der den ganzen Sinn verändert. Auch sonst liegt das Verwechselbare nah bei einander. Bekannt ist, dass man im Deutschen als Werbung schreiben kann «für *trockene* Haut» und «für *geschmeidige* Haut» (einmal die Ausgangslage, einmal das Ziel). Ja, man kann sogar sagen, das sei ein Mittel *für* Schuppen und *gegen* Schuppen. Beides durchaus richtig.

Verständlich, dass eine Kosmetikfirma, des ewigen «Anti-Aging» müde, uns versichern wollte, ihre Produkte seien «Pro Age». Da wundert es uns auch nicht, dass sich wenigstens eine unter den vielen Krankenkassen als «Gesundheitskasse» anpreisen möchte. Mit der *Gesundheitsreform* wurde jedoch nicht die Gesundheit reformiert, schon gar nicht verbessert. Die deutsche Sprache ist verwirrend. Doch das kann unterhaltsam sein.

Vor einiger Zeit eröffneten zwei Interviewer ihr Gespräch mit einem Vereinspräsidenten so: «Sie sehen *abgespannt* aus ...» Und gleich wurde einem bewusst, dass auch das Gegenteil unerwünscht wäre: angespannt auszusehen. Ja, wie kann man es denn im Deutschen nun richtig machen? Wenigstens «gespannt» darf man blicken, aber das ist wieder eine andere Sache. Wie soll man aussehen? Das Wort «soll» bietet auch schon wieder Fallen.

«Anwohner *sollen* Autos beschädigen», so lautete eine Schlagzeile (im Lokalteil einer Zeitung). Man versteht es ja: Sie hatten keinen Auftrag dazu. Nicht gleich verstanden hatte ich jedoch diese Meldung über Lockangebote einiger Airlines: «Verbraucherschützer fordern mehr Transparenz. In ihrer Werbung sollen die Fluggesellschaften den tatsächlichen Endpreis nicht deutlich angeben.» War das nun Teil der Forderung? Sollen sie das nicht? Nein, man musste nur drauf kommen. Einem Premierminister, neu im Amt, wird dringend geraten, den

Friseur zu wechseln. Ein Star unter den Figaros hat sich auch schon angeboten. «Er soll für einen Haarschnitt 120 Euro bezahlen», hieß es dann. Gemeint war: So lautet das Gerücht. Es war keine neue Forderung.

Mehr als hundert Jahre ist es her, da wurde ein ähnlicher Fall schon zur Anekdote. Vor Gericht fährt der Vorsitzende den Angeklagten an: «Diese Dame *will* von Ihnen geschwängert sein!» Worauf der Kerl entgegnet: «Muss das gleich sein, hohes Gericht?» Solche Zweideutigkeiten *sollen* üblich sein, aber sie *sollten* nicht üblich sein.

«Meine Beziehung», das ist heute eine Umschreibung für den Partner (oder die Partnerin) in der Liebe. Dadurch sind wir hellhörig geworden, wenn jemand von seiner Beziehung spricht. «Ich habe eine gute Beziehung zu meiner Vorgesetzten», das wäre eindeutig. «Ich habe eine gute Beziehung *mit* meiner Vorgesetzten», das ist zwar auch üblich, aber weniger eindeutig.

In einem Zeitungsbericht über die FDP stand über den alten und den neuen Vorsitzenden: «Gerhard hat ein gutes Verhältnis *mit* Guido Westerwelle.» Das kann aber nicht wörtlich so gemeint gewesen sein. Mit dem *Verhältnis* ist es nämlich noch heikler als mit der Beziehung. Ein Verhältnis hat man *zu* jemandem, wenn keine Nebengedanken aufkommen sollen. Sonst heißt es gleich «das ist sein Verhältnis», und das wäre weniger günstig als «seine Beziehung».

In der Sprache der Lutherbibel bedeutet «*kleinmütig*» nicht das Gegenteil von «großmütig», sondern «verzagt». In dieser Sprache Luthers hat der Verlorene Sohn sein Erbe *durchgebracht*, was aber nicht so gemeint ist, wie man heute einen Antrag durchbringt. Das Erbe ging verloren, ein Antrag aber ist heutzutage ein Erfolg, wenn er in einem Gremium durchgebracht wurde.

Mein letztes Beispiel für Missverständliches soll das Wort «*gestorben*» sein. Als Konrad Adenauer schon seit Tagen im Sterben lag und man stündlich auf die Nachricht von seinem Ende wartete, sollte in einem Hörfunkstudio des WDR einem Moderator bedeutet werden, das Thema, über das er gerade sprach, zu beenden. Von der Regie wurde ihm das durch die schalldichte Scheibe bedeutet, indem jemand mit der Hand ein Kreuz schlug: das Thema sei «gestorben». Darauf der Moderator: «Wie wir soeben erfahren, ist Altbundeskanzler Konrad Adenauer vor wenigen Minuten ...»

In diesem Sinn könnte, so denke ich mir, eine Tochter, die bei ihrem Vater im Konfirmandenunterricht sitzt, zu Hause vorbringen: «Papa, sag doch nicht immer ‹Jesus ist für mich gestorben›, das bedeutet heute etwas ganz anderes.»

Eine Runde geschmissen

Ein Maler hat das Porträt einer Schauspielerin gemalt, es ist verschwenderisch gestaltet, die Diva wirkt sexy, und das Ganze sieht ihr auch noch ähnlich. «Merkwürdig», sagt jemand zum Künstler, «sie hat Ihnen doch gar nicht *gesessen*.» Darauf der Maler: «Sie hat mir wohl *gelegen*.»

Die Verben der Bewegung wechseln im Deutschen. «Es hat nicht an mir *gelegen*, aber ich *steh* dazu», ist ebenso korrekt wie «ich *steh* auf die Evi, mir *liegt* an ihr, und ich *lauf* ihr nach». (Zunächst vergeblich, vermuten wir.) Wenn er ihr nicht die Brocken hin-, sondern sich selbst ihr zu Füßen geschmissen hat, sie sich dafür ihm an den Hals schmeißt, könnte er vor Freude eine Runde schmeißen. Dass im Deutschen ausgerechnet eine Runde, also die Einladung an alle im Lokal, «geschmissen» wird, ist schon echt sonderbar.

«Sie hat den Laden geschmissen», das bedeutet ganz klar, dass sie Motor und Seele des Geschäfts war. Wenn man aber von einem Schauspieler sagt, «er hat die Aufführung geschmissen», könnte das so gut wie das Gegenteil bedeuten: Er hat alles eingerissen. Dann war das Publikum nicht hingerissen, also umgehauen, sondern eher weggesunken – aus Langeweile wahrscheinlich.

Von einem Rekord sagt man im Sport, er werde *aufgestellt*, was man gut verstehen kann. Wird die bisherige Bestmarke nur erreicht, wird der Rekord *eingestellt*, was schon weniger eingängig ist. «Eingestellt» wird bei uns vieles, zum Beispiel wird ein Posten in den Etat eingestellt. Am Ende aber kann dennoch die Zahlung eingestellt werden.

«Er hat ein tolles Finish *hingelegt*», das soll reines Lob sein. Es gehört zu den Merkwürdigkeiten, dass man im Deutschen manches hinlegt, wie man ein Geldstück hinlegt. «Sie legte einen großen Auftritt hin», und das Team hat auch etwas hingelegt, nämlich eine eindrucksvolle Präsentation. «Wir legen einen fliegenden Start hin», sagte ein Hochschulpräsident, wo andere neumodisch gesagt hätten «wir starten durch», ein weiteres, aber ebenso anschauliches Bild.

«Hingelegt» wird mit Vorliebe etwas, was sehr schnell oder sogar atemberaubend ist. Dennoch wird es hingelegt. Und da liegt es nun – wir hoffen, für immer im Gedächtnis aller, die diese Leistung miterlebt haben. Jedenfalls hat das hingehauen, wie die das hingekriegt und hingelegt haben. So etwa …

Die Ankündigung «Unser Lieferservice wird Sie demnächst *anfahren*» klingt bedrohlicher, als sie gemeint ist. Man fährt ja auch Häfen an und andere Ziele. Nur man selbst möchte ungern angefahren werden. «Der Polizeiwagen konnte ihn gerade noch *umfahren*.» Das ist, so hingeschrieben, etwas unklar. Mit der richtigen Betonung ist es schon deutlicher: «Der Polizeiwagen konnte ihn gerade noch úmfahren», nein. Der Wagen hat ihn nicht umgenagelt oder umgelegt, sondern umfáhren. In anderen Verbformen wird es eindeutig: Er hat ihn entweder umfahren oder umgefahren. Hier also: umfahren.

Die besorgte Frage: «Es *ging* doch gut, was *lief* denn schief?» könnte uns glauben machen, das Laufen sei das Gefährliche, das Gehen harmlos. So ist es aber nicht. Es kann im Deutschen auch gut *laufen* und schief *gehen*. Nur Absätze sind immer schief *gelaufen*.

Vor hundert Jahren, als es noch keine ‹sms› gab, soll ein angehender Jurist, der im Staatsexamen stand, dieses Telegramm an seine Eltern geschickt haben: «Bin durch.» Ein paar Stunden später folgte «gefallen». Heute wählt man andere Worte. «Da war die Berufung für mich natürlich *gelaufen*», erzählt der Erfolgreiche, und wir wissen nicht so recht, was er meint. Seine Stimme aber klingt triumphal. Daher dämmert uns: Schon früh war die Berufung für ihn entschieden, war alles klar. Man wollte ihn, er war genommen worden.

Aber wissen kann man es oft nicht, denn «gelaufen» heißt nur «entschieden». Den Rest müssen wir uns denken. «Das Turnier war damit natürlich für sie gelaufen», das sollte wohl wirklich bedeuten, sie musste ausscheiden. Doch manchmal gibt es was zu raten. Bei Tisch ist man froh, wenn das Dessert nicht ganz ausfällt, sondern nur die Portionen etwas klein ausgefallen sind.

Auf der Bilanzpressekonferenz eines mittelgroßen Unternehmens verkündete das Vorstandsmitglied für Finanzen: «Der Gewinn ist stärker als gedacht *ausgefallen*.»

Hoffnungsloser Optimist

Der Redner blickte kurz auf die Uhr und sagte: «Ich versuche das noch schnell in *größtmöglicher* Kürze darzustellen.» So mancher Zuhörer mag erschrocken gewesen sein. Kann Kürze größtmöglich sein? Wäre das kein Paradox? Es hätte das Publikum wohl eher beruhigt, von «absoluter Kürze» zu hören. Oder einfach «in aller Kürze». Reicht ja.

«Als Sohn habe ich das in *maximaler* Nähe selbst erlebt», so sprach jemand über seinen Vater. Es ist nicht einfach. Kann man eine Nähe dadurch besonders nah machen, dass man sie eine «große Nähe» nennt, gar eine maximale? Man könnte das, was hier verlangt wird, «Heruntersteigern» nennen, und das ist nicht einfach. Es ist sogar in der Sprache kaum vorgesehen. Es sei denn, wir sprächen von «nächster Nähe», aber das wäre vielleicht eine Verdoppelung.

«Es bleibt eine *höchst* durchschnittliche Mannschaft», schimpft ein Sportjournalist. Der Arme! Was soll er machen. Wie kann man eine durchschnittliche Mannschaft innerhalb der vielen durchschnittlichen markieren? Ist sie gar «die durchschnittlichste von allen»? Nein. Man könnte sagen: eine «absolut durchschnittliche». Oder einfach mit Ausrufezeichen: «Sie bleibt Durchschnitt!» Das ginge.

Um gleich beim Sport zu bleiben. Ein Reporter kommentierte ein Fußballspiel am Ende der Saison mit einigem Mitgefühl (denn bei den Spielern war der Akku leer, wie es gern heißt): «Die Kräfte nehmen jetzt *zunehmend* ab.» Ja, besser kann man doch den Widerspruch, der hier lauert, nicht auf den Punkt bringen – unfreiwillig.

Doch wir werden eine Lösung finden, da bleibe ich ein *hoffnungsloser* Optimist. Nun gut, das ist vielleicht kein gutes Beispiel, weil wir uns damit auf dem Gebiet der Ironie bewegen und die war sogar einmal gut (analog zu «ich bin ein hoffnungsloser Fall»). So etwas nehmen wir hin, wie auch den *eingefleischten* Vegetarier, solange der Scherz nicht zu oft gemacht wird.

Als ich früher schon einmal etwas zum Thema Abwärtssteigern verfasst hatte, schrieb eine erzürnte Leserin, es gebe sehr wohl eine «ständig wachsende Bedeutungslosigkeit» und einen «zunehmenden Mangel». Damals habe ich wohl widersprochen, jetzt bin ich nachdenklicher gestimmt.

Doch wie steht es mit dem Vereinspräsidenten, der die «*gesteigerte* Ebbe» in der Kasse beklagt? Demnächst meldet er noch «Berge von Schulden». Das ist, ich gebe es zu, üblich, aber es war mir schon immer nicht ganz geheuer. Es käme dem Stoßseufzer nahe: «Schulden sind das einzige, was ich *besitze*!» Doch eingeführt ist es, Schulden als etwas Greifbares zu sehen, gar als Berge. Sie «belasten» ja auch angeblich das Konto, obwohl sie doch irgendwie eine negative Größe sind.

Bekommt man in der Kantine sein Essen und findet die Portion klein, so kann man ausrufen «das ist aber mehr als wenig». Verständlich wäre das, aber vielleicht nicht logisch. Eindeutiger lautete der selbst gespendete Trost: «immerhin mehr als nichts», so nahe sich beide Formulierungen auch stehen. Unsere Chancen, es richtig zu machen, sind «mehr als dürftig», aber höher als null.

Doch was mag der Wetterkundige gemeint haben, der uns versicherte, die Minustemperaturen würden in nächster Zeit «noch kräftig steigen». Werden die Minuszahlen also raufgehen? Aber dann würde die Temperatur doch fallen? Ich denke, der Meteorologe wollte so oder so recht behalten. Ein delphisches Orakel.

Oder bin ich da schon wieder riesig kleinlich?

Das hätte ich nicht gewettet
Über eine gefahrvolle Reise in der Dritten Welt stand im ‹Spiegel›: «Der andere Bootstyp sah kaum weniger vertrauenerweckend aus.» Den Sinn begreift man leicht, zumal vorher von einem abenteuer-

lichen Schiff die Rede war. Dennoch ist die Sache mit der doppelten Abschwächung («kaum weniger») schiefgegangen. Es hätte heißen müssen «noch weniger vertrauenerweckend» oder «kaum vertrauenerweckender». Die Kombination ergab das Gegenteil.

Meist sind solche Kreuzungen harmlos. Meine nächsten drei Beispiele stammen wieder aus dem ‹Spiegel›, was zeigt, dass auch guten Korrektoren manches entgeht. «Er will es sich mit den Landwirten nicht verscherzen.» Da gab es eigentlich nur zwei Möglichkeiten: Er will es mit den Landwirten nicht verderben. Oder: Er will sich die Gunst der Landwirte nicht verscherzen. (Immerhin kommen Kreuzungen bei Landwirten ebenfalls vor.)

«Das macht deutlich, wie weit es um die Harmonie innerhalb der neuen Regierung bestellt ist.» Wir sprachlichen Pfennigfuchser merken, dass auch das gekreuzt ist, nämlich aus «wie es um die Harmonie bestellt ist» und «wie weit die Harmonie reicht». Um die gleichen Schlussredakteure noch einmal anzuschwärzen: «Es gibt Verlage, die es mit der Tarifbindung nicht so ernst nehmen.» Gehört nicht auch dieser Satz an den Pranger? Meinetwegen kann man ihn billigen, aber eigentlich ist auch er über Kreuz gebildet aus: «Es gibt Verlage, die die Tarifbindung nicht so ernst nehmen» und «die es mit der Tarifbindung nicht so genau nehmen».

Deutschlands bester Musikkritiker pflegt seine Sätze zu diktieren. Und so blieb dies stehen: «Ein Andante, das nicht langsam genug gespielt werden sollte.» Immerhin, hier bleibt alles – selbst in der Mischung – noch verständlich. (Das nicht langsam genug gespielt werden kann / sehr langsam gespielt werden sollte.)

Mit diesem Zitat sind wir bei der freien Rede angelangt, und die bietet reichlich Stoff. «Darüber muss man sich im Klaren werden.» (klar werden / im Klaren sein). «Ich mag das dahingestellt sein lassen.» (Das mag dahingestellt sein / ich will das dahingestellt sein lassen.) «Daran gibt es nichts zu rütteln!» (Daran ist nicht zu rütteln / daran gibt es nichts deuteln.) «Es könnte nicht besonders originell genug erscheinen.» (Es könnte nicht besonders originell erscheinen / nicht originell genug erscheinen.) «Das hätte ich nicht gewettet!» (Das hätte ich nicht gedacht / ich hätte gewettet, dass es nicht so ist.)

Seit Sigmund Freud gezeigt hat, wie Sprachschnitzer uns Einblicke ins Seelenleben erlauben, liegt unsereiner ja doch auf der Lauer. Leider bin ich nicht sehr fündig geworden. Allenfalls zwei Beispiele. Eine Beraterin im Radio, es war live, meinte: «Ich würde auf den Genuss durch ein Glas Wein nicht verzichten.» Irgendein Gedanke muss bei ihr quergelaufen sein und hat das «durch» in den Satz gebracht. Vielleicht meinte sie, während sie anderen nur wenig zugestehen durfte, für sich selbst «wie viel Genuss *durch* Wein!» oder «durch ein Glas wird doch kein Schaden angerichtet». Wer weiß.

Eine pädagogische Beraterin wurde in einer Diskussion sogar wortschöpferisch: «Spielen sollte mehr sein als *Freizeitvertreib*.» Man hört natürlich bei der Geburt dieses neuen Wortes die «Freizeitbeschäftigung» und den «Zeitvertreib» als das Elternpaar heraus. Doch wie kam es zur gelungenen Neubildung? Heimlich und ein wenig verächtlich dachte die Beraterin vielleicht: Die meisten suchen für ihre Freizeit leider nur einen Zeitvertreib.

Sigmund Freud bringt als Beispiel für eine Fehlleistung den Ausruf eines Professors über die Zustände in seiner Fakultät: «Da sind Dinge zum Vorschwein gekommen … !» Das ist unüberbietbar. Aber auch bei dem verdienstvollen Forscher und Publizisten Helmut Seiffert habe ich zwei Perlen aus seiner Erfahrung mit akademischen Debatten gefunden: «Ich möchte das aufknüpfen, was Herr X gesagt hat.» Und: «Er hat damit den Bock abgeschossen.»

Letzten Freitag, in der Regel

Manch ein Mensch hat seine ganz persönlichen Ansichten, wenn es um richtiges Deutsch geht. Ein Kollege von mir, guter Katholik, gestand, er habe etwas gegen die Zeitangabe «letzten Freitag». Meine erste Vermutung war, er empfinde da eine mögliche Ungenauigkeit. So war es aber nicht. «Das klingt für mich immer so wie der letzte Freitag überhaupt.» Offenbar verstand ich immer noch nicht. «Aber es ist ja nicht der letzte Freitag, das Ende aller Tage gewesen», erklärte er.

«Als wir uns das letzte Mal gesehen haben, sagten Sie …» Auch das gefällt nicht jedem Mitmenschen. «Es war offenbar nicht das letzte Mal», sagen sie sanft.

Ein Schauspieler, einer der Sprecher in dem Funkhaus, in dem ich angestellt war, fragte mich, ob er im Text statt «in jedem Falle» auch lesen dürfe «in jedem Fall», ob mir das recht sei. Es war mir recht, aber ich verstand schon wieder nicht. «Ich finde», meinte er, «dies ‹in jedem Falle›, das klingt immer so nach Mausefalle, als säße man in jeder Falle.» Ach so. Er durfte natürlich gern das «e» weglassen, aber bekehren konnte er mich nicht. Das wollte er wohl auch nicht erreichen.

Wir hatten beim Hörfunk einen verdienten Regisseur, der, wenn längerer Texte aufgenommen wurden, die Leitung hatte. Jedes Manuskript musste er natürlich vorher gründlich studieren. Einmal hatte er einen persönlichen Wunsch an mich: «Sie haben geschrieben ‹in der Regel nimmt man an…›.» Er sah mir in die Augen, als sollte ich seinen Wunsch schon jetzt erraten. Dann fuhr er fort: «Ich weiß nicht, würde es Ihnen etwas ausmachen, das anders zu formulieren?» Begreiflich war mir der Wunsch jedoch erst, als er halblaut sagte: «Ich muss dabei immer an die Regel denken, Sie wissen schon, der Frau.» Ich habe ihm den Gefallen wohl getan – hoffe ich. Man soll ja selbst jene Bitten erfüllen, die einem nicht einleuchten.

Außerhalb des Funkhauses hat mir ein Mann, ebenfalls empfindlich, gestanden, er zucke immer zusammen, wenn jemand von einem «entfernten Verwandten» spreche, denn da gebe es doch den Witz, den grausamen. Den kannte ich nicht. Und er sagte scheu: «So nennt man doch auch ein abgetriebenes Kind.» Der Mann tat mir leid. Aber ändern kann sich niemand von uns, wir tragen die Wunden mit uns, die wir uns zugezogen haben. Und er zuckt wohl weiterhin zusammen.

Eine Frau in den besten Jahren wollte einmal von mir wissen, ob ich es auch so empörend fände, wenn von «gerammelt voll» die Rede sei. Ich nickte nachdenklich, weil ich bei solchen Fragen immer erst einmal zu nicken versuche. Aber langsam fiel mir ein, dass die Dame vielleicht mal einen Kaninchenstall mit einem Rammler hatte, einem männlichen Tier. Sie sah bekümmert aus, ramponiert (dies Wort ist allerdings französisch und meint «hart angefasst»). Bei uns gäbe es auch die «Ramme», meinte ich, ebenso das Wort «rammdösig». Es war nichts zu machen. Die Tür zur Toleranz war verrammelt. Ich musste allerdings einräumen, dass auch die unschuldige Bedeutung der Wörter Ramme oder gerammelt vom Schafbock (althochdeutsch «ram») abstammt – doch das ist schon lange her.

Gleich dachte ich mit einem Stoßseufzer daran, was sie, diese Dame, die mein Verständnis suchte, wohl erst – wäre sie auf den Doppelsinn gekommen – zum «Stoßverkehr» sagen würde. Feinfühlige meiden das Wort sowieso und sprechen von der «Rushhour», was nun wieder andere Missverständnisse nach sich zieht, weil es da bekanntlich gerade nicht rasch zugeht.

Der brillante Sprachbeobachter Hans Reimann, aus dessen Glossen ich vor langer Zeit viel gelernt habe, hat sich gern erregt über eine Wortfolge wie «da hat es sich gezeigt». Ja, jedes «es sich», in welchem Satz auch immer, war ihm ein Gräuel. Und er bekannte sich auch zum Grund seiner Abneigung: Er höre da immer «Essig» heraus. So hat «es sich» für ihn zum bitteren Trank entwickelt.

Ich fürchte allerdings, kaum einer seiner Leser hat Essig zu eigen gemacht, ich auch nicht.

II – Was abgeht

Gas geben, durchstarten, aufschlagen

In Barcelona steht bekanntlich die Kirche «Templo de la Sagrada Familia» von Antonio Gaudi. Erstaunlich, wenn gerade sie einem vierzehnjährigen Jungen beim Stichwort Barcelona einfällt: «Ist das nicht die Stadt, wo diese Mörderkirche am Start ist?», fragte er.

Am Start! Die mörderisch tolle Kirche steht da nicht, sie ist am Start! Ja, wir alle sind am Start. Oder wir haben schon Fahrt aufgenommen, müssen uns aber steigern, also weiter «Gas geben». Ebenfalls ein beliebtes Bild. Wir gehen am besten mit Höchstgeschwindigkeit «an unsere Grenze». Grenze ist wichtig.

«Toll», sagt der Fußballreporter, «wie der den Turbo anwirft.» Und in diesem Sinne sagte Jürgen Klinsmann bei der WM weniges so gern wie: «Wir müssen das Tempo hoch halten.» Tun wir ja. Sonst ist das Rennen vorbei und die Sache gelaufen, also für uns schlecht gelaufen. Nein, das soll uns nicht passieren. «Wir haben einen Lauf», sagt der Profifußballer, wenn sein Verein dreimal hintereinander gewonnen hat, und er fordert seine Kameraden auf, «jetzt nicht die Bremse reinzuhauen».

Wenn ein Politiker seine Vorbilder nennt, erwähnt er vielleicht Adenauer mit den Worten: «Der ist ganz vorn dabei.» Früher hätte Adenauer wohl «oben» auf der Liste gestanden, jetzt ist er ganz, ganz vorn, und zwar «dabei», er rennt also mit. Ebenso spricht der Unternehmer, der seinen Betrieb neu organisiert hat. Nun hält er es für gesichert, dass er künftig «aus eigener Kraft vorn mitspielen kann», wie er im Interview sagt. «Vorn» ist Pflicht. «Oben» war gestern.

Ja, früher! Da hätte man von einem Menschen gesagt, er sei klug. Nun heißt es anerkennend: «Der ist ziemlich schnell im Kopf!» Auch an dieser Redewendung erkennt man, dass Schnelligkeit jetzt schlechthin ein Lob ist. Denn das Einzige, was wir nicht mehr haben, ist Zeit. Weder auf der Straße noch beim Begreifen.

Tempo, Tempo! «Die Mannschaft braucht eine neue Initialzündung», sagt der Trainer. Klingt wie Urknall. Und der Trainer selbst? Auch dessen Karriere könnte «einen neuen Schub» vertragen, hört man. Jeder von uns ist eben immer am Start, wie die mörderisch gute Kirche. Doch ich muss mich korrigieren. Man «startet» heute eigentlich nicht mehr. «Starten» war gestern.

Aus einer Werbung für junge Leute: «Der Sparkassen-Auto-Kredit. Jetzt einsteigen und durchstarten.» Offenbar kann man jetzt von Anfang an «durchstarten». (Das taten bislang Flugzeuge, die die Landung verpasst hatten und vom Landeanflug aus gleich «durchstarten» mussten.) Selbst über einen nie auffällig gewordenen Politiker habe ich diesen Satz gelesen: «Er ist seit Jahren kommunalpolitisch tätig und will noch einmal richtig durchstarten.» Loslegen, sagte man wohl früher. Aber da fragte man ja auch: «Was geht hier vor?» Nun heißt es: «Was geht hier ab?»

Wir alle sind also in Bewegung. Und die Schnellsten geraten in die Gefahr, durchzudrehen oder gar abzuheben. Doch «abgehoben» – das gilt durchaus nicht als erstrebenswert. Kein Überflieger! Deswegen lobt man heute einen Filmstar oder sonstigen Erfolgsmenschen mit einem geradezu altmodischen Wort: er sei «bodenständig». Klingt bieder. Ist aber das notwendige Korrektiv zur Wahnsinnsgeschwindigkeit. So versichert man, der Jungstar sei «ein Mann mit Bodenhaftung». Und er selbst sagt gern: «Da bin ich geerdet.» Trotz seines Erfolgs ist er eben noch einer von uns geblieben. Boden und Erde, das ist heute wichtig.

Gut. Doch dann verstehe ich eins nicht ganz. Obwohl so ein Typ keine Rakete sein soll, sagt man, wenn er sich verspätet hat und man dringend seine Ankunft erwartet: «Der muss hier bald aufschlagen.»

Alle Zeit der Welt
Die Studentin steht innen an der Wohnungstür ihrer Freundin, hat die Klinke in der Hand, wird unruhig und stöhnt: «Das *Ding* ist, dass ich jetzt eigentlich weg müsste.» Ja, heute, da macht eben jeder sein Ding. Also mache auch ich mein eigenes Ding. Und mein Ding ist, dass ich

immerzu sammeln muss, vor allem das heute Angesagte. Darum erzähle ich jetzt mal dieses Ding: «Das Ding ist wieder da!»

Es hat nie ganz gefehlt («Das 's aber 'n Ding!»). Doch hatten wir eigentlich die Sache. Die Sache war die ... Ja, das ist so eine Sache mit den Modewörtern. Die Sache haben wir nicht ganz vergessen. Auch die «Angelegenheit», die schon im 19. Jahrhundert üblich war, nicht ganz: Eine schwierige Angelegenheit. Diese Chose ... Man braucht solche Stellvertreter-Wörter, die immer passen. Bleibt nur die Frage, wie wir aus der *Nummer* wieder herauskommen. Die Nummer läuft immer noch.

Doch jetzt ist auch die *Geschichte* gut etabliert. «Die Party, die war eigentlich so eine Schicky-Micky-Geschichte.» Man kann mit diesem Wort manches im Ungewissen lassen, alles ganz locker. Man kann mit ihm aber auch einen Wunsch äußern, zum Beispiel im Geschäft: «Eigentlich dachte ich, so Schmuck mit Perlengeschichten.» Das kommt gut. «Wir haben auch Taschen mit Fransengeschichten» hört man in einem anderen Laden.

Erzählen lässt sich jedoch die ganze Geschichte besser englisch – mit der *Story*. «Die Story war nämlich, dass die so was überhaupt nicht hatten!» (Erlebnisbericht nach Stadtbummel.) Gern auch etwas spöttisch für «nicht das ganz große Ding!» Eben nicht die Erfolgsstory, nicht der Hit: «Auch China ist nicht mehr die große Story für Analysten.»

Wer Größeres im Blick hat, spricht von der *Welt*. Machte man ja schon lange gern. Solche Dinger kosten nicht die Welt! Auch resigniert lässt sich gut vom Erreichten sagen: «Nicht die Welt, aber ...» Man ist zufrieden. Und nun weiten wir den Blick noch einmal und sagen: «Meine Uhr würde ich nie verkaufen, nicht für alles Geld der Welt.» Richtig ruhig und nachsichtig wirken wir so: «Wir haben alle Zeit der Welt!» Zugegeben, mit «Geld» lässt sich die Welt leichter verbinden, denn was soll «alle Zeit der Welt» bedeuten? Aber man versteht es. Wahrscheinlich alle Zeit, die alle Menschen zusammen haben.

Wenn sich andere wirklich Mühe geben, man sie aber durchschaut, gilt ihr Aufwand als das *volle Programm*. «Beim Besuch eines Superkunden fahren unsere Event-Leute das ganz große Programm.» So ist das Leben nicht, es ist Show. (Allerdings kann das ganze, das volle Programm auch als Pechsträhne über uns kommen.)

War das Programm wirklich gelungen, heißt es: «Das war ganz *großes Kino.*» Ein halbwegs spöttisches Lob. Filmreifes Auftreten, spektakulär. Oder absolut lustig. Muss aber mit leicht ironischem Unterton ausgesprochen werden. Man hat alles durchschaut und ist dennoch nicht ohne Anerkennung für das Erlebte. Außerdem, man erzählt ja die Sache soeben selbst und muss die Erwartung wecken, dass nun was Tolles kommt. Ganz großes Kino.

Mein Ding ist das nicht. Mein Ding ist vielmehr, dass ich jetzt aufhören müsste.

Endlich wieder durchatmen

Über einen Kirchenmusiker stand in der Zeitung, er wolle «an acht Abenden das gesamte Orgelwerk Johann Sebastian Bachs *reißen*». Imponierend. Vor Zeiten hätte er das Gesamtwerk vielleicht geschafft oder gepackt, später hätte man gesagt, er wolle es wuchten oder stemmen. Nun soll er es reißen. Aber nicht etwa zerreißen! Nein, beim Gewichtheben unterscheidet man die Disziplinen Reißen und Stoßen. Daher muss der Ausdruck stammen. Der Organist also reißt das ganze Werk.

Die ganze Kirchengemeinde war bereit, sich für ihn zu *strecken*, hoffe ich. Denn ohne Körpereinsatz geschieht ja heute wenig. Er reißt, sie strecken sich. Schon die Ankündigung hat viele berührt. Das schöne Wort «berührt» tritt freilich in den Hintergrund. Und richtig! Eine Frau aus dem Gemeinderat sagt, sie fühle sich *angefasst*.

Das darf man jetzt nicht mehr anders sagen (wohl eine Lehnübersetzung von «I'm touched»). Zum ersten Mal gehört habe ich den Ausdruck, als die SPD-Linke Nahles sich im Fernsehen betroffen zeigen musste, hatte sie doch gerade versehentlich den Vorsitzenden Müntefering aus dem Amt gekippt. Bedauert hat sie das nicht, aber sie meinte «ich fühle mich angefasst». Und Neues ist ja immer gut, notfalls ein neues Wort. Ein deutscher Astronaut sagte kurz darauf aus seiner Raumstation, er fühle sich beim Anblick der blauen Erde angefasst. Und auch wer beleidigt wurde, fühlt sich neuerdings angefasst. Das Wort ist gut verwendbar.

Aber zurück zu unserem Organisten. Wir sollten ihn fragen, wie *es sich anfühlt*, so viel Bach an acht Abenden zu spielen. «Es fühlt sich aufregend an», wird er antworten. Gefühle fühlen sich neuerdings an – wie Stoff oder Holz. So viel Musik vom Thomaskantor! Es war eine *Bauchentscheidung*, sagt er. Bravo, keine Kopfgeburt. Früher hätte man vielleicht von einer Herzensangelegenheit gesprochen. Jetzt aber ist der Bauch dran. Bauchgefühl, ja dort sitzen die Emotionen. Keine Ahnung, warum.

Was nicht bedeuten kann, dass der Kopf ganz vergessen wäre. Heute, genau heute, ist beim Orgeln Halbzeit, vier Abende sind gespielt. Deshalb muss der Organist erst einmal «den *Kopf frei* kriegen». Einmal den Druck loswerden. Ganz wichtig. Die Batterie *aufladen*, mal auftanken, wie auch immer diese Bilder gemeint sind. Der Mensch als Maschine.

Auch mal entspannen. Das wünschen wir ihm jetzt, einfach «nur noch *abhängen*», falls er weiß, was das ist. Vor der Glotze einfach mal *ablachen*, wozu gibt es Comedy. Ob er das kann?

Nein, er muss sich an dem Riesenprogramm *abarbeiten*. Es ist hart, er reibt sich an seiner Aufgabe, er müht sich sichtbar, er schuftet, es wird ihm ganz elend dabei. Früher hat man einen Stapel Akten abgearbeitet, jetzt arbeitet man sich selbst ab. Unsereiner ahnt dann, wie ein Mensch beim Abarbeiten immer weniger wird.

Schon fragen Freunde: «*Schwächelst* du?» Gefährlich. Aber lieb gemeint. Kein Schwächeanfall in Sicht, eher so eine Art familiärer Sorge klingt da an, gemütlich. Aber es können auch Dinge sein, etwa eine Aktie oder gar die Orgel, Gott behüte, die plötzlich schwächeln. Unser Held an der Orgel schmunzelt nur, als ihm auch noch das Wort Krise angeboten wird. «Krise? Welche Krise?» sagt er. Denn er weiß, was sich gehört.

Er kann endlich wieder *durchatmen*. (Zum Aufatmen, wie man bislang sagte, dazu wäre es noch zu früh.) Ja, er steht das durch. Ich möchte ja nicht wissen, was sie ihm in den Tee geschüttet haben.

Und tatsächlich, er *zeigt Kante*. Schlimmer wäre es gewesen, wenn er sich die Kante geben, sich also mit Alkohol gefährden würde. Im Gegenteil. Er zeigt Power. Und dabei ist er doch schon *auf der falschen Seite* der Fünfzig. Mit neuen Kräften startet er in den zweiten Teil seiner Abende. Er wird es reißen.

Das geht schon ins Knuffige

Ambiente muss heute sein. Deswegen hat man es gut getroffen, wenn man Innenarchitektin ist. Ambiente ist angesagt, Ambiente ist überall. Das Klima im Office ist das Ambiente, der Innenraum eines Autos, natürlich auch die Wohnqualität. Alles Ambiente, etwas für eine Innenausstatterin. Gerade das häusliche Ambiente sollte eine gewisse *Wertigkeit* ausstrahlen. Ein teurer Möbelstoff wirkt einfach wertiger (auch wenn der Geschmack der Kunden manchmal echt grenzwertig ist).

Angenehmes Wohnen, das ist heute nicht einfach Lebensqualität, es ist *existentiell*. Jedenfalls keine *Luxusfrage* (gemeint ist eine überflüssige Frage), es ist die Basis. Die gefundenen Lösungen, die Materialien, sie sollten *nachhaltig* sein (ethisch korrekt, umweltfreundlich, klimaschonend).

Hier, diese Kollektion der *Sonderklasse*. Man darf sagen, sie ist ein *Glücksfall* für die deutsche Innenarchitektur. Vom Feinsten. Da stimmt alles, denkt sie. Aber – wie sagt man das dem jungen, offenbar gut betuchten Paar, das sich gerade orientiert und Vorschläge machen lässt. Die Wohnberaterin weist auf ein Möbel, auf der Zunge liegt ihr: Diese Couch ist doch der Wahnsinn, ist einfach geil, doch, die ist super, tausendprozentig! All das darf man jetzt nicht sagen, es stimmt aber. So wählt sie ruhige Worte. Bei den Interessenten kaum eine Reaktion, leider.

Zwar ist die junge Innenarchitektin emotional *immer voll dabei*. Aber sie weiß, man muss auch loslassen können. Also schlägt sie etwas anderes vor. Das Paar bleibt reserviert. Mit solch einer kleinen Enttäuschung muss eine Profifrau umgehen können. Sie kann es. Und stellt eine geradezu aggressiv moderne Kollektion vor. «Wäre das etwas?» Das Paar sagt nicht viel. Was macht das mit Ihnen? Können Sie das zulassen? Solche Fragen wären leider ebenfalls nicht angebracht, obwohl diese Möbelbranche durchaus Gespräche kennt, die eigentlich auf die Couch gehörten.

Der nächste Vorschlag. Das Sofa ist echt kuschelig. «Unser Kuschelsofa», sagt die Fachfrau. Das Paar fängt an zu lächeln. Offenbar kuschelt es gern. (Was macht man auch sonst heute, gekuschelt wird immer.) «Das geht schon ins Knuffige», sagt die Innenarchitektin. Und sie findet Zustimmung. Knuffig wie Knut, der Berliner Eisbär, aber das sagt sie jetzt lieber nicht, obwohl es ein schöner Stabreim ist.

Der junge Mann kann sich dafür erwärmen. Vielleicht ist er ja so eine Couchpotato. So darf man heute allerdings niemanden nennen, eher sieht sich mancher selbst als das Gegenstück, als Eventhopper. Doch Interesse keimt. Jetzt fragt die Kundin schon nach den Lieferbedingungen. Was das angeht, sagt die Beraterin, sehe es ganz gut aus, doch der Liefertermin, «das ist der Knackpunkt». Man sei jedoch gut vernetzt und könne was machen. Wieder mehr Stille als Antwort. «Wir arbeiten daran, aber da sind erst einmal andere gefordert.» Das sollte ermunternd klingen …

Dennoch war jetzt schnell Schluss mit der Begeisterung. Die Innenarchitektin aber hat die Zeit genutzt, sie hat Beziehung aufgenommen zu den Kunden, kennt deren Wünsche und hat endgültig verstanden. Sie holt einen anderen Katalog, macht ein paar Andeutungen, die nicht zu viel versprechen, schlägt auf, zeigt vor und sagt: «Hier.»

Wieder dieses Schweigen. Dabei hatte sich die Innenarchitektin diesmal *feiste* Chancen ausgerechnet. Endlich stöhnt die Kundin: «Voll stark!» Dann flüstert ihr Partner: *«Gänsehautgefühl.»* Das war's. Mehr geht heute nicht.

Kommt eher gut
Junge Frau, recht einfühlsam, vielleicht Referendarin oder so, antwortet nachdenklich: «Ja, es hat ihn *eher* deutlich getroffen.» Gefragt worden war sie nach ihrem langjährigen Freund. Sie hatte ihn verlas-

sen. Und das hat ihn «eher deutlich» getroffen. Da haben wir sie live, die neue Nachdenklichkeit.

Warum nicht einfach «deutlich»? Aber nein, das muss man abschwächen zu «eher deutlich». Sie sagte den Satz noch einmal so ähnlich. «Es traf ihn *vergleichsweise* deutlich.» Das tat ihr leid. Immer diese abwägenden Einschränkungen! Ihre harte Entscheidung sei ihr ebenfalls «eher schwer gefallen».

Das Wörtlein ist das neue Gewürz der Feinsinnigen. Es macht was her, denn damit lassen sich auch scharfe Speisen abschmecken und mildern. Vor allem, wenn es um Urteile geht, wird dieser optische Aufheller beigegeben. «Das Stück fand ich eher langweilig.» So ein Satz wäre ohne diese Milderung wohl zu hart. Man möchte doch zeigen, wie zögernd, wie differenziert man sein kann.

Nicht lange ist es her, da wurde die Abschwächung nachgeschoben: «Das Stück war langweilig, sag ich mal so.» Wem das zu flapsig (oder zu weiblich, oder zu jugendlich) klang, wählte: «Ja, langweilig, muss man schon sagen.» Aber nun: eher langweilig.

Ich finde diese Entwicklung eher überraschend. Denn das eingestreute Wort haben wir nicht aus Amerika! Es erinnert allenfalls an «rather», und das kann nun wirklich als total britisch gelten (I'm rather astonished). Wir haben diese Weltmeister des Understatements bislang nachgeahmt mit einem «ziemlich». Das wirkt aber heutzutage nur wenig mildernd und hat im Satz einen anderen Klang. «Ich fand es ziemlich langweilig», das ist eher noch eine Steigerung, hat kaum etwas von Reflexion und Bedenken. «Ich fand es eher langweilig» lässt hingegen eine gewisse Intellektualität erkennen. Die Waage hat sich offenbar nur allmählich dem Urteil «langweilig» zugeneigt. Wir Zauderer! So wollen wir es.

Ja, das Wort macht was her. Und ich habe mich schon selbst dabei ertappt, dass ich mir mit seiner Hilfe das Ansehen eines so ganz und gar liebenswert unentschlossenen Allesverstehers geben wollte. Vorbei! Jetzt bin ich wirklich eher dagegen, nämlich gegen «eher».

Dann muss unsereiner seine Zögerlichkeit also wieder im Nachklapp beweisen, etwa so: «Das war wohl ein Fehlstart, *geh ich mal von aus.*» Halb wegwischen, was man gesagt hat. «Ein Reißer, ein

Krimi, ein Thriller, *egal ...*» Kann man sagen, wirkt aber doch ein wenig unsicher, wackelig, *wie auch immer*. Und dann gar noch das nachgeschobene «*keine Ahnung*». Ich weiß ja nicht ... Eher etwas für die ganz jungen Leute.

Ein wenig Flapsigkeit brauchen aber auch die älteren Jahrgänge. Recht schlicht, aber beliebt war es lange, diese zwei Urteile einzustreuen in die eigene, beiläufige Rede: «Kann ich mit leben.» Oder als Gegensatz dazu: «Muss ich nicht haben». Zu beiden Redensarten würde ich eher sagen: Kann ich mit leben, muss ich aber nicht haben. Was geht noch?

«Und haste nicht gesehen», das war vor kurzem Mode und wurde dringend gebraucht als schneller Abschluss einer aufregenden Mitteilung. Woher das stammte, ahne ich nicht, wahrscheinlich aus dem Fernsehen. «Und gut is'», das war auch beliebt (ebenso abschließend verwendet, manchmal auch als Aufforderung, endlich Schluss zu machen). Wenn jedoch gar nicht Schluss war? Dann: So was dauert.

Kam tatsächlich nichts mehr, dann hieß es: «Das war's dann wohl.» Oder, falls man einige Worte zusätzlich machen wollte: «Ein paar Höflichkeitsfloskeln und Redensarten, und das war's!» So ähnlich spricht auch die Moderatorin am Ende der Sendung: «Das war's für heute.» Ganz locker. Könnte ich jetzt genau so sagen. Wär aber eher langweilig.

Daher noch eine Frage an Sie. Vielleicht liegen Ihnen ja jetzt zwei Floskeln auf der Zunge, die ich gern hören möchte. Die eine ist «Kommt gut». Und was höre ich? Genau! Die andere lautet: «Wieder was gelernt.»

Besser kost' natürlich extra

Ein Journalist führte ein Hintergrundgespräch mit einem Bundestagsabgeordneten. Es wurde unerlaubt mitgeschnitten. Hören wir mal rein.

Wie geht es in der Koalition? Man streitet mit denen rum, und dann sitzt man sich achtzig Zentimeter gegenüber. Da machen Sie mal was! Das Verhältnis war früher besser. Doch das wird wieder, anders wär' nämlich schlecht. Muss ja! Große Reformen gehen nicht im Konflikt. Es gibt aber Sauereien, die können nur Linke. Ja, das besorgt uns. Wir sind so eng. Vielleicht zu eng. Nein, nein, es gibt auch Themen! Familie, ganz klar, das ist was, wo ich sage, da können wir mit was machen. Warum auch immer. Das ist nicht so das Problem.

Brauchen wir mehr Markt? Druck muss, ist nötig, zu verändern. Manche fürchten dann weniger Chancen. Ich sag immer, wer A, der muss auch B. – Bestimmt, Deutschland ist besser als jetzt, wie man so sagt … als es jetzt ist. Das ist kein Zustand! Doch es wird, es wird langsam. Kann aber dauern, Sie wissen ja. Je kürzer, je besser. Und insofern bin ich überzeugt … Hundertprozentig! Also, da kann man wirklich nur sagen … Wirtschaft muss sich spezialisieren. In Deutschland muss man Qualität machen. Denn Dumping, das wäre das Falscheste, was jetzt geboten wäre! Billig können andere billiger. Weiß man ja. Aber das kostet auch. Und besser kost' natürlich extra. Das ist dann aber auch Qualität. Fachberatung inklusive. Aber Erfolg, der ist leider in keinem Fall hundertprozentig gegeben. Weshalb auch immer. So gesehen … Keine Ahnung.

Streben Sie ein Amt an? Würde ich nie machen wollen, wenn da nichts bei rumkommt. Das ist nicht mein Ding. Also, das kann ich jetzt nicht großartig begründen. Is' einfach so! Das muss ich nicht haben. So in etwa. Und von daher kann ich … So gesehen …, also nee. Insofern … Ich kann nur einfach. Aber mein Kumpel Niederschulte, der könnte auch Minister. Doch, Ahnung *hat* der! Aber der kann oft alles andere als überzeugen. Jedenfalls Unsere, die von uns. Der! Der steht an, der lauert. So! Man versucht's eben. Wenn nich', dann war's das wohl für ihn.

Werden Sie wieder kandidieren? Is' bald so weit. Aufstellen lassen, ja. Sieht auch so aus, dass geht. Zieht sich nur! Das dauert! Is' noch nicht gelaufen. Da muss ich mit leben, *kann* ich mit leben, doch. Letztes Mal liegt nun schon einigermaßen zurück. Ja, das is' ziemlich her. Ich habe damals auch warten gemusst. Es war wie, als wär man in der Dritten Welt. Bin wieder dabei. Musste sein. Doch die Aufstellung, das braucht noch. Und wenn nicht, is' auch gut. Aber lohnt wirklich.

Rechnet sich. Wenn's auch kostet. Nerven, mein ich. Da können Sie sagen, was Sie wollen.

Sie haben einen innerparteilichen Gegenkandidaten. Werden Sie kämpfen? Ob man das jetzt so machen sollte … Wie weit das geht? Also, das sind so Momente … Ich fühl mich dann natürlich entsprechend. Da würde ich am liebsten raus, sofort. *Wird* aber alles wieder! Und bestimmt, wenn am Wochenende zu Hause bin, mit Gerda bin. Zusammen. In der Heimat, im Wahlkreis. Für gewöhnlich nur einen Tag, leider. Aber ganz, ganz wichtig. Wenn Wetter ist, gehen wir immer. Treffe dann tausend Leute. Und, und, und. Insofern … Ich glaube, schon!

Werden die Zahlen für Ihre Partei wieder steigen? Wie soll ich voraussehen, was andere nicht können? Ich meine: vorher. Das kann ich auch nicht, niemand. Ich sag mal so: Sieht so aus! Aber was soll's. Also, von daher … Überhaupt, mit Zahlen hab ich's nicht so. Ich meine Ziffern. Zahlen tu ich sonst schon, echt. Aber für gewöhnlich …

Muss los! Bin schon spät. Sie wissen ja, wie's is' … Sitzung!

Schönen Tag noch!
Ach, ich erinnere mich gut, wie ich zum ersten Mal auf den Fluren meiner damaligen Arbeitsstelle dieses «Hallo!» von einem Kollegen gehört habe, statt des bis dahin üblichen «Guten Tag!» Kurz und bündig klang das. Geradezu modern abweisend. Es muss Ende der Siebziger gewesen sein, nun schon dreißig Jahre her. Seitdem können wir ohne diesen lockeren amerikanischen Ausruf kaum noch aneinander vorbeigehen.

Dies Hallo! «Keinen Wunsch bietet das, nichts Gutes!» So klagten damals naserümpfend die Kulturkritiker. Ihnen war ein Gruß wie «Morgen!», der ja noch ersichtlich einen guten Morgen wünschen will, lieber als das Allerweltswort «Hallo». Doch irgendwann kam, ohne dass man es gleich merken konnte, ein freundlicher Wunsch durch die Hintertür wieder in unsere Grußkultur.

«Schönen Feierabend», das wurde nun Nachmittagspflicht. Zunächst von manchem Kollegen im Betrieb bissig quittiert mit einem «für mich noch lange nicht!», aber dann setzte sich das durch. Ohne diese Formel geht es heutzutage nicht mehr. Dann kam es auf, sich gegen Nachmittag auch in Geschäften und auf der Straße mit einem «Schönen Abend noch» gegenseitig zu erfreuen. Ja, am Nachmittag, gar am Abend selbst, war der flotte Gruß «Tschüss!» out, mega-out. Mit diesem Stand der Dinge sind wir in den Neunzigern angekommen.

Damals muss es auch gewesen sein, dass es ab Donnerstag, schon gar ab Freitag unerlässlich wurde, sich von seinen Mitmenschen, auch gerade von denen, die man gar nicht richtig kannte, mit einem «Schönes Wochenende!» zu verabschieden. Manche versuchten, diesen Wunsch sogar schon am Mittwoch anzubringen – als Zeichen ihres Weitblicks.

Und was sagte man am Anfang der Woche? Ausgerechnet dieser Zeitraum konnte nicht ohne einen innigen Abschiedsgruß bleiben, und so kam «Eine schöne Woche!» auf. Kein Montag ohne diese Erinnerung daran, welche anstrengenden Tage vor einem liegen.

Auffallend ist ja, dass die Begrüßung weiterhin knapp blieb. Außer «Hallo!» kam es in Norddeutschland bei einigen Bodenständigen noch zum friesischen «Moin!», was wenig mit «Morgen» zu tun haben soll; auch «Moi Moin! «Moi» ist schön, «Morn» soll der Tag sein. Dieser Gruß passt auch um Mitternacht. Manche blieben weiter bei «Tag, auch!», süddeutsch: «Grüß Gott!» Jedenfalls wirkte die Begrüßung leicht mundfaul und spröde.

Der Feierabend war, wie gesagt, abgedeckt, der Abend, das Wochenende, schließlich der Wochenbeginn … Blieb nur noch der Tag selbst. So unfreundlich die Begrüßung, so überladen bald der Abschied: «Schönen Tag noch!» So versuchte man nun im Geschäft höflich fortzugehen oder sich vom Nachbarn abzuwenden.

Mit anderen Worten, der Wunsch, der einst mit «Guten Tag» der Inhalt der Begrüßung war, kehrt jetzt als – etwas überladener – Abschiedswunsch zurück. Und das nur, denke ich, um das blöde «Hallo» wieder gutzumachen. «Noch einen schönen Tag!», die Worte entwickeln eine Sogwirkung, denn wie kann man einen solchen Wunsch, gemurmelt von halbfremden Menschen in der Firma, an der Kasse, im Gedränge oder am Kiosk, unerwidert lassen. Pflichtschuldigst entgegnet Unsereiner ebenfalls ... (Und so weiter.)

Lohnenswert im Sprachverein

«Das haben wir nicht *notwendig*», sagte die elegante Frau, deren Ohrringe ebenso Überlänge hatten wie einige ihrer Wörter. Es war nach einem Vortrag im Allgemeinen Deutschen Sprachverein. «Das haben wir nicht *nötig*», sagte ihr Partner, der an diesem Abend den Vortrag gehalten hatte. Er verkürzte ihre Worte, obwohl seine Armbanduhr auch zu groß war und wohl mehr als ein halbes Pfund wog. «Du verbesserst mich, *seitdem* wir uns kennen», sagte sie, und ich merkte, dass sie sich neckten. Er verbesserte in: «... seit wir uns kennen».

«Das gute Deutsch fällt manchen Menschen etwas *schwierig*», warf ich über den Tisch ein, und er zuckte zusammen. Doch offenbar, weil er annehmen durfte, wir wüssten alle drei Bescheid, antwortete er mir nur sanft mit der Gegenfrage: «Meinen Sie das *ernsthaft*?» Ich schüttelte den Kopf. «Es kommt ja *letztendlich* auf solche Details nicht an.»

Er strahlte zurück und bestätigte mich: «Da haben Sie letztlich recht!» Man konnte sehen, wie es in ihm arbeitete. Er wusste, dass er mit einer Entgegnung dran war. «*Schlussendlich*», begann er, aber da unterbrach ihn seine Partnerin mit «Schluss endlich!» Sie hatte Spaß an dem Spiel. Er setzte neu an: «Ist solch ein kritischer Umgang mit den Sprachmoden überhaupt *lohnenswert*?»

Ich war so verwundert über das, was er parat hatte, dass ich eifrig nach einem weiteren Neuwort mit Überlänge suchte. «Antworten kann ich da», brachte ich mühsam vor, «nur *zögerlich*.» Er fuhr auf und meinte: «An diese grässliche Bildung habe ich mich auch nur zögernd gewöhnen können. Sie ist mir vor dreißig Jahren *erstmalig* aufgefallen ....äh ... erstmals!»

«Ja, ich fand die Erfindung auch beachtlich, *ansonsten* hätte ich sie nicht zitiert», sagte ich, um mich schnell zu verbessern: «Hier hätte es früher ‹sonst› geheißen.» – «Wenn man die Neuerungen kennt», sagte er, «kann man sich *dementsprechend* verhalten.» Seine Partnerin, die unser Geplänkel durchaus zu billigen schien, sagte streng: «Entsprechend!» Um hinzuzufügen: «Das solltest du nach so vielen Jahren *zwischenzeitlich* wissen.» Er nickte: «Ja, das weiß ich inzwischen.»

Nun plauderte ich darüber, wie ich mir kleine Sammlungen mit sprachlichen Fundstücken angelegt hätte. Es gebe offenbar eine Tendenz, einzelne Wörter dadurch aufzuwerten, dass man längere Formen erfindet. «Den gängigen Wortschatz habe ich mal *daraufhin* überprüft.» Das Paar mir gegenüber war sofort bereit, mir ein «... darauf überprüft!» zuzurufen. Und sie schob nach: «Mit jedem Ihrer Sätze bieten Sie mir *neuartige* Einsichten!»

«Wir stimmen wohl *dahin gehend* überein ...», wollte der Sprachkenner gerade ansetzen, als sie ihn verbesserte: «Es würde reichen, ‹darin überein› zu sagen.» Der Mann war zufrieden damit, wie heute alle Fische nach seinem Köder schnappten.

«Und was *folgert* daraus?» Das hatte ich kaum ausgesprochen, als sich beide schon mit Schmerzgrimassen abwandten. «Jetzt wird es zu schlimm», sagte er. Und sie ergänzte: «Alles muss einmal ein Ende finden, *natürlichermaßen.*»

Wir haben konkret eine reale Chance
In der Mode gibt es die Accessoires. Auch wenn sie nur indirekt zu den imposanten Roben gehören, sollte man ihre Bedeutung nicht kleinreden. Manche dieser Zutaten kann man wunderbar kombinieren. Umso willkommener! Es gibt sie auch unter den Wörtern, und sie schmücken erkennbar.

Am besten bewährt hat sich «*konkret*». Es müssen konkrete Maßnahmen ergriffen werden. Wir werden Sie bald über konkrete Schritte unterrichten. Und wir haben konkret die Möglichkeit, nach vorn zu kommen. Als Bundeskanzler Schröder seine Agenda 2010 noch nicht ganz fertig, aber schon angekündigt hatte, bedrängte ihn der gefährlichste Mann der Opposition, Friedrich Merz, gleich doppelt mit diesem Wort: «Er muss konkret sagen, was er ganz konkret durchsetzen will.» Das Wort ist also eine tolle Waffe, aber man kann sich auch selbst damit rühmen: «Ich kann Ihnen heute konkret sagen, was wir ganz konkret vorhaben.»

Was nicht konkret ist, ist wenigstens real. Eine Chance ist heute real, ob im Fußball oder in der Politik. «Wir haben eine *reale* Chance ...» Noch besser natürlich so: «Wir haben konkret eine reale Chance.» Da kann eigentlich nichts mehr schief gehen. Ohne «real» keine Chancen. Reale «Aussichten», die wären einen Tick weniger sicher. Reale Chancen sind besser.

Und es gibt noch andere imponierende Schmuckstücke. Um etwas zu erreichen, braucht man das *ultimative* Programm mit der ebenso ultimativen Lösung. Genauso beliebt sind das ultimative Schnäppchen und der ultimative Kick. Ultimativ ist gut, auch wenn es an das ungeliebte Ultimatum erinnert. Hingegen hätte *final* einen ähnlichen Sinn, erinnert aber an noch Schlimmeres, nämlich an den finalen Rettungsschuss oder überhaupt an das große Finale, das wir alle nicht überleben werden. Daher nennt man final nur das, was sowieso negativ ist. So sagt der Schatzmeister des Vereins, bei dem erst alle Forderungen, dann alle Schmähungen landen: «Ich bin nicht die finale Mülltonne unseres Clubs!»

Nach diesen trüben Aussichten erinnere ich noch daran, dass «*locker*» sich besonders locker einstreuen lässt und gute Wirkung tut. «Das kann noch locker zehn Jahre dauern.» Wenn man es so sagt, klingt alles nicht mehr so schlimm. Früher sagte man «kann gut und gerne zehn Jahre dauern», aber das wirkt lange nicht so locker.

Von seinen Mitarbeitern erwartet der Chef, dass sie sich *aktiv* einbringen. Das ist das wenigste. «Wir sind dort aktiv engagiert», sagt er, wenn seine Firma irgendwo Druck macht. Und ein Versager muss von vergeblichen Bemühungen wenigstens so berichten: «Ich habe aktiv versucht ...» Als ein ehemaliger Tennisstar mit seinem Namen eine Modekollektion schmückte, ließ seine PR-Mannschaft verkünden, er habe an den Entwürfen «aktiv mitgewirkt». Das muss. Ein Redakteur für Klassik schrieb: «Wer aktiv Musik hört, wird auch sammeln.» Das ist dann schon grenzwertig, aber irgendwie kann man es sich gerade noch vorstellen, wie jemand «aktiv» hört.

Weil eine Steigerung des etwas verbrauchten «aktiv» dringend vonnöten war, ist inzwischen *proaktiv* erfunden worden. So verkündete ein Konzern, der um sein Image bangte, er wolle proaktiv auf die Medien zugehen und eine PR-Firma engagieren. Hoffentlich ist die dann «engagiert dabei». Vielleicht sogar proaktiv engagiert.

«Wir haben diesen Vorgang *erfolgreich* abschließen können.» In diesem Fall kann ich das Adverb noch verstehen. Es breitet sich immer noch aus. Ein Boxer hat seinen Titel «erfolgreich verteidigt», nun ja. Verteidigt ist verteidigt, denkt man. «Die Bombe ist am Abend erfolgreich entschärft worden.» Muss heute so sein. «Wir haben uns da erfolgreich durchgesetzt.» Es klingt gut, aber die Entbehrlichkeit des Wortes weckt unseren Verdacht, dass es hauptsächlich schmücken soll.

Der weitblickende Vorsitzende des Vorstandes lässt gern das Wörtchen «*strategisch*» einfließen. Er hat den Konzern strategisch ausgerichtet und pflegt seine strategischen Partnerschaften auf der ganzen Welt. Das hat er von der Politik. Als Schröder ging und Merkel kam, kühlte die Beziehung zu Putin ab. Daher musste das, was Merkel anstrebte, wenigstens eine «strategische Partnerschaft» genannt werden: langfristig, grundsätzlich, aus Erz und für die Ewigkeit. Der Gegensatz dazu ist, jeder kann es heraushören, der taktische Winkelzug.

Man könnte auch die Ehe, die wir ja alle unterstützen sollen, künftig eine «strategische Partnerschaft» nennen. Sie hat konkret eine reale Chance, wenn wir sie aktiv fördern. Ja, proaktiv begleiten! Dann kann sie locker zehn Jahre dauern bis zum ultimativen ... bis zur finalen ... Ach nein, so wollen wir das nicht nennen.

Hauptsache, unsere Gefühle sind mehr als echt. Nämlich *authentisch*.

Kann schon mal für die Rente planen

Der neue Bereichsleiter, so behaupten seine Mitarbeiter, sei an seinem Arbeitsplatz noch gar nicht richtig angekommen. Eben, die Orientierungsphase. Auch er selbst weiß, er muss sich jetzt neu erfinden. Das ist so, bei jedem Anfang, wenn es gilt, sich neu zu definieren. Das kann Lorenz Vollard, das liegt ihm perfekt, und er ist sich sicher, da funktionieren die Instinkte. Außerdem ist er *voll im Thema*.

Es geht ihm allerdings auch darum, überhaupt wahrgenommen zu werden. Spürt er da ein Aufmerksamkeitsdefizit? Oder ist es nur das Bedürfnis, sich entgangene Aufmerksamkeit jetzt bei anderen zu holen? Aufkommende Selbstzweifel. Aber er hält dagegen. Wenn Zweifel kommen, muss man immer gegenhalten.

Wofür steht er? Er steht für … Ja, für was eigentlich? Er steht für Effizienz, für Transparenz, für Innovation. Das ist seine Kernkompetenz. Das ist seine Stärke, das ist es, was ihn auszeichnet. Nein, sogar: das «*macht* ihn aus», wie man jetzt sagt. Und es würde ihm nicht entsprechen, wenn er hier nicht energisch mitzöge. Er steht unter Hochspannung. Das macht den Unterschied – bei einem Mann mit seiner Klasse.

Und das will er: Die Mannschaft nach vorn tragen; die Aufgaben eins zu eins umsetzen; das Ziel erreichen, es überschreiten. Und mehr als das, an die Grenze gehen. Die eigenen Grenzen austesten. Das ist seine Vision. «Wir gehen in Deutschland massiv nach vorne.» Denn er will es noch einmal wissen.

Es ist ihm aber nicht entgangen: Im Vorstand werden seine Ideen niedergeritten. Für andere Projekte wird viel Geld rausgehauen, die werden einfach durchgewinkt und abgenickt. Hingegen, wenn er etwas vorschlägt, heißt es an der Spitze, das sei ein «Null-Thema». Und dann auch noch: «Lassen Sie sich mal was einfallen.»

Er muss immer fighten. Dabei ist er total fokussiert, auf die Sache fixiert und konzentriert. Er kennt nur den Erfolg. Er gibt alles. Er hat (für seinen Lebensentwurf) keinen Plan B. Was er da macht, ist Steilwand. Freeclimbing. Wer ganz oben mitspielen will, muss auch mal was riskieren, sagt er. Eine Kampfmaschine, wenn es sein muss. Doch Vorsicht! Attackiert man, ist man schnell ein Wadenbeißer. Sagt man nichts, ein Weichei.

Plötzlich – ein Stück weit geht es jetzt aufwärts. Erste Zustimmung. Der Vorstand liegt auf Linie. Das hat er erreicht. Jetzt nur den Ball flachhalten und der eigenen Strategie folgen. Dann kann er seine früheren Kritiker locker austanzen. Auch die vom benachbarten Bereich, der immer rivalisieren muss. Sein Kollege dort ist Wesemann. Die ganze Truppe nennt er halb verächtlich «Wesemann und Co». Man kennt die. Diese Leute sind eigentlich völlig talentfrei. Da drüben bei denen, das ist für ihn und seine eigene Truppe eine humorfreie Zone. Aber die haben Biss. Wie Terrier, nicht wie Pitbulls.

Ein Plan gegen die Beißer wird heimlich entwickelt. «Ich werd's durchziehen. Und der Kollege kann zusehen, wie sich sein Zeitfenster schließt», sagt Lorenz Vollard, «der hat seine berufliche Zukunft schon hinter sich.» Die Sache wirkt zwar nicht völlig sauber, doch moralische Bedenken hat er nicht. «Da bin ich ganz schmerzfrei», so der Zurückbeißer, «das geht in Ordnung.»

Wieder zum Rapport beim Vorstand. Die haben ihn diesmal richtig zugetextet. Das war schon heftig. Das gönnt man keinem, höchstens Wesemann. Für Lorenz Vollard wird es eng. Seitdem muss er seinem Chef viel erklären. Der hat ihn gegrillt. Das war rechtlich eindeutig im roten Bereich. Und hat Spuren hinterlassen. Ende: noch offen.

Dann wurde er von seinen Verpflichtungen freigestellt. Nun erledigt er für den Vorstand Sonderaufgaben. Bis auf weiteres. Und kann schon mal für die Rente planen. Zwei Sätze, berühmt für ihr falsches Deutsch, gehen ihm manchmal durch den Kopf. «Ich habe fertig!» Das ist ihm jetzt aus der Seele gesprochen. Und dann noch die tröstliche Verheißung: «Da werden Sie geholfen.» Klingt gut. Aber wo wird *ihn* geholfen?

Der ehemalige Bereichsleiter ist, so scheint es, mal wieder angekommen, diesmal in der Wirklichkeit. Und muss sich neu erfinden.

Expertise und Eminenz

Wir sind auf einem Trainingslager, es geht um «Medienverhalten». Der Mann, der hier den Interviewer spielt, fragt: «Wie wollen Sie mit den Problemen fertig werden?» Sein Gegenüber zögert nicht, das Stichwort aufzunehmen: «Die Probleme haben wir erkannt und bekommen sie in den Griff.» – «Nein, nein!» entgegnet sein Befrager, «Sie wissen doch, dies Stichwort darf unter keinen Umständen fallen!» Der stattliche Mann, Typ Aufsteiger, der die Frage beantwortet hat, blickt schuldbewusst.

Kommende Führungskräfte sollen hier lernen, wie man sich einem aggressiven Interview stellt. Der Verhaltenstrainer ist unerbittlich. «Ich habe Ihnen absichtlich das Stichwort ‹Probleme› hingeworfen, und Sie haben leider angebissen. Darum noch einmal unser Grundsatz: Stichworte werden niemals aufgegriffen. Das ist das Erste überhaupt.» Dem Objekt der Übung ist das alles peinlich, zumal die Lehrgangskollegen zuhören.

«Kamera mal abschalten», sagt der Übungsleiter, «also, die Journalisten formulieren immer irgendeinen Scheiß mit ihrer Frage, etwa ‹Stehen Sie vor dem Untergang oder gibt es eine Auferstehung?›, aber Sie haben die vorgeschlagene Wortwahl zu scheuen. In jedem Fall. Absolut. Nichts aufgreifen! Im Gegenteil, Sie antworten mit dem Statement, das Sie sich längst vorgenommen haben, egal wie die Frage formuliert war. Also noch mal: Wie wollen Sie mit den Problemen fertig werden?»

Der Übende reckt sich, blickt nun lässig auf und sagt mit schöner Lockerheit: «Es gibt Herausforderungen, auf die man sich freut. Dies ist so eine. Wir nehmen sie gern an.» Die Worte scheinen zu seinem Outfit zu passen, das ihn als Führungskraft ausweist. Zudem waren Stimmlage und kühner Blick jetzt ideal. «Bravo», sagt sein Trainer und macht gleich weiter. «Die Risiken sind unübersehbar. Warum nehmen Sie das überhaupt auf sich?» Die Antwort kommt nach einer kleinen Pause, die so wirkte, als seien die Worte frisch erdacht: «Wir sehen das als Chance. Jede Veränderung ist ein Chance, daran zu wachsen. Nehmen Sie die englischen Wörter. Sie unterscheiden sich nur in einem einzigen Buchstaben: change und chance. Beide sind tatsächlich fast dasselbe. Jede Veränderung ist eine Chance.»

Nun applaudieren sogar die Zuhörer, hier eigentlich Konkurrenten um den ersten Rang, wenn es um den bleibenden Eindruck gehen wird. Der Trainer nickt. «Wer ist der Nächste?» fragt er, und es setzt sich ein Neuer auf den Marterstuhl. «Für einen Manager ist kaum etwas so wichtig wie Kritikfähigkeit», das schleudert der Übungsleiter dem Neuen hin. «Wir sprechen», entgegnet der, «auch von Entscheidungs- oder Urteilsfähigkeit, und es gibt wohl keinen Beruf, in dem Urteile so weitreichende Folgen haben können.» Das klang gut. Und wie hat der Proband, denkt mancher Zuhörer, das gleich drauf! «Das haben wir doch schon hinter uns», knurrt der Fachmann für kommunikative Kompetenz hingegen streng, «das hatten wir doch schon!» Und er versucht zu erklären, was «Kritikfähigkeit» ursprünglich bedeutet hat, nämlich die Fähigkeit, sich kritisieren zu *lassen*. «Noch einmal!» ruft er.

«Kritikfähigkeit, daran fehlt es oft», wiederholt er beiläufig. «Es kann entscheidend sein, auch Kritik auszuhalten», entgegnet sein junges Gegenüber, «es reicht nicht, leistungsbereit zu sein oder konfliktfähig. Gewiss, besonders Dialogbereitschaft gehört zu den Eigenschaften, die eine Führungskraft unbedingt braucht, auch die Fähigkeit, einen Konsens herbeizuführen. Aber Kritik auszuhalten, das ist wohl die Basis von allem. Wer nicht kritikfähig ist, kann sich nicht ändern. Und Wandel ist alles, gerade auch der persönliche Wandel.»

Die Stille unter den Zuhörern zeigt, dass auch der neue Prüfling einiges kann. «Sie haben schnell umgestellt», sagt der Coach für Gesprächsführung, «vielleicht haben Sie sogar Kritikfähigkeit bewiesen, denn ich hatte Sie scharf kritisiert.»

Bald sitzt der Nächste auf dem heißen Stuhl. Alle Zuhörer sind gespannt. «Ihr Unternehmen hat immer eine Alleinstellung für sich beansprucht. Worin besteht sie?» Der bedrängte Mann auf dem Stuhl zögert, dann beginnt er: «Sie liegt in unserer Kompetenz …» Weiter kommt er nicht. Der Trainer unterbricht ihn: «Das ist veraltet», zischt er. Für den Übenden heißt es neu anfangen: «Wir sind ein Unternehmen mit besonderer Expertise in der Oberflächenbehandlung», sagt er suchend, «und diese Expertise ... wird auch als unsere Einzigartigkeit anerkannt. Neidlos, wie ich sagen darf. Wir zeigen besonders auf diesem Gebiet eindeutig Eminenz. Denn unsere Produkte haben eins: Substanz und Präsenz.» Der Trainer nickt und lächelt huldvoll.

«Unsere Mitarbeiter zeichnet eine spezielle Mobilität und Flexibilität aus, ich möchte sagen, ihre Effizienz ist durchaus ...» An dieser Stelle unterbricht der Trainer erneut. «Nicht so viele Substantive hintereinander! Aber sonst nicht schlecht. Denn ich gebe zu, die Frage war schwierig.»

«Die Frage ist», entgegnet der Kandidat (und dreht den Spieß um), «die Frage ist kaum ‹schwierig› gewesen. Denn, das habe ich hier gelernt, ‹schwierig› gibt es nicht, so etwas nennt man: ‹nicht einfach›. Und das, also *das* war die Frage wirklich.»

Da bin ich hochgradig bullish
Bernhard Obermair, Herrscher über einen nicht unbedeutenden deutschen Konzern, hat dem Magazin Z ein Interview gegeben. Im Vorspann versuchte die Redaktion ihn eindringlich vorzustellen: «Erst *führte* er eine Markengruppe des Konzerns.» Dieses Verb konnte einem immer schon Ehrfurcht einflößen. Er «führte» – eine Führungspersönlichkeit eben. Aber es gibt inzwischen ein besseres Wort. Und gleich taucht es auf: «Dann *steuerte* er die Produktion aller Marken, nun steuert er das ganze Unternehmen.» Ja, «steuern» ist die Steigerung. Steuern – wie ein Kapitän den Riesentanker von der Brücke aus steuert. Oder steuern wie ein Formel-1-Pilot. Man entsinnt sich mit Schaudern der grauen Vorzeit, als jemand ein Unternehmen «leitete», gar verwaltete. Die Bilder sind stärker geworden, jetzt klingen sie geradezu erhaben.

Die Redaktion vermerkte im Vorspann noch, der neue Chef «legt mächtig Tempo vor», er habe den «Konzern neu sortiert», und das sei auch notwendig gewesen. Der neue Boss Obermair konnte, obwohl er zunächst als Übergangskandidat galt, offenbar das Rennen für sich noch «drehen» und damit entscheiden. «Die Zahlen stimmen wieder», liest man und ahnt: «Vor allem das Ergebnis muss stimmen.» Auch für die Anteilseigner.

Dann folgte das Interview, wobei die fragenden Redakteure sich aufs Stichwortgeben beschränken konnten. Die Antworten klangen entschlossen: «Wir haben Risiken beseitigt, vor allem Klumpenrisiken aufgelöst. Wir haben das Portfolio bereinigt. Das ist Fakt. Und sind in der Planung klar.» Auf das nächste Stichwort hin äußert sich der imponierende Steuermann so: «Es geht um konsequente Chancenverwertung. Da liegen noch enorme Potentiale, ist richtig Dampf unterm Kessel. Wir sehen hier große Wachstumsfelder. Und viele unserer Bereiche, Produkte und Beteiligungsgesellschaften sind in der Weltspitze dabei.»

Gerade konnte er noch, indem er dabei intensiv an sich selbst dachte, vorbringen: «Ohne strategisches Denken geht heute nichts mehr.» Dann gab es tatsächlich einen kritischen Einwand der Redakteure. Sie fragten nach den bekannten Sorgenkindern unter den Töchtern, da gehe, so heiße es, «nichts mehr». Das seien, kommt es in schöner Ruhe zurück, «Unternehmen, die sich gerade in einer schwierigen Phase befinden. Das ist auch für mich nicht sonderlich komfortabel. Noch sind wir weit weg von dem, wo wir hinwollen. Aber wir sind auf einem guten Weg.»

Natürlich lässt er keine Verzagtheit erkennen. «Es sind doch eher die Kritiker, die dieses Thema hochziehen. Unsere Mitarbeiter jedenfalls sind – auch dort – hoch motiviert und sie verstehen es immer besser, in einem nicht einfachen Marktumfeld zu bestehen. Wir blicken nach vorn, und es geht nach oben. Zwar räume ich ein, es muss schnell gehen, aber ich bin auch sicher: Die Vertriebskraft ist enorm, und wir lernen immer besser zu verstehen, wie unsere Kundschaft tickt.»

Schnell wechselt er das Thema. «Wir haben viele Geschäfte, die auf Mega-Trends reiten können, da bin ich hochgradig bullish.» Er ist also ein Bulle und kein Bär, an der Börse würde er kaufen, immerzu. Wahrscheinlich am liebsten die Aktien des eigenen Unternehmens.

«Die Industrie muss sich langfristig ausrichten. Der Wandel ist nicht aufzuhalten. Und Bewegung, das ist es, wofür das Unternehmen steht. Wir stehen für Innovation. Für Innovation und Dynamik! Das ist auch unabdingbar, wenn wir uns weiterhin international aufstellen und am Markt bestehen wollen.»

Nun möchten die Journalisten noch etwas zur Innovation hören. «Innovativ ist ein Unternehmen nicht nur durch die technischen Neuerungen, die es einführt und verkörpert. Es muss schlicht die Trends setzen und so die Nachfrage steuern. Meine Haltung ist ganz klar: Wo wir nicht die Marktführer sind oder wenigstens die Nummer zwei, haben wir nichts verloren. Wir werden weltweit als Sieger wahrgenommen – seit es uns gibt.»

Wieder ein leiser Widerspruch der Journalisten. Doch der Boss tönt sonor zurück: «Das gehört zu unserer Identität. Unsere Identität ist die eines absolut führenden Unternehmens, weltweit. Und eine solche Identität darf man niemals verlieren, niemals. Eine leuchtende Identität. Darum geht es. Wir halten sie hoch. Mit Innovation, wie gesagt, und Dynamik.»

Der Chef selbst zeigte mit seinen Worten Format. So etwas nennt man eine starke Identität. Nun wollen die beiden fragenden Redakteure den Erfolgreichen doch noch plagen, indem sie nach jenen Plänen fragen, die durch die Presse wanderten. Bei vielen Außenstehenden haben die Pläne Bewunderung erregt, aber, einer Zeitungsnotiz zufolge, sollen sie nun doch «nicht weiter verfolgt werden». Was ist geschehen?

«Überlegungen hat es gegeben», räumt der Gewaltige ein, «wir hatten sie auf dem Prüfstand. Aber es muss sich auch wirtschaftlich darstellen lassen.» Pause. Und zum Abschluss zeigt er, wo die Autorität strahlt und die Macht liegt:

«Dann sage ich Nein, und das Thema ist durch.»

Er muss jetzt ganz tapfer sein

Marcus M. hat neuerdings in seiner Firma ein Akzeptanzproblem. Er galt lange als Mann mit einem erheblichen Potential, das nur entwickelt werden musste. Den Job bekommen hatte er, weil er im Markt exzellent vernetzt war. Er hat die Ellbogen ausgefahren, zwei Konkurrenten locker aus dem Weg geräumt und eine Bilderbuchkarriere hingelegt. Doch nun hat sich im Betrieb die Meinung über ihn gedreht.

Einer seiner Leute behauptet gar, er könne sich wegschmeißen vor Lachen («Da schrei ich mich weg»), wenn er daran denkt, wie M. eine Arbeitsbesprechung leitet. Und er imitiert ihn gut: «Ich freue mich, dass Sie da sind ...», immer das Gleiche. Dann signalisiert der Boss Gesprächsbereitschaft, «die Diskussion ist ergebnisoffen», das versichert er gern, «wir reden hier auf Augenhöhe». So kennt man ihn. Es fehle nur noch, meint der Stimmenimitator, das Wort «sozialverträglich» und «im Mittelpunkt steht für mich immer der Mensch». Die Zuhörer kichern. «Man darf sich nicht verbiegen lassen. Man muss sich selber treu bleiben.»

Das ist offenbar sein Wortschatz: «Es geht um eine zukunftsorientierte Planung, wo jeder Schritt klar verortet ist. Man muss Prioritäten setzen, oberste Priorität für mich hat ...» Und so weiter! «Ein kreativer Ansatz ist erwünscht, ja unabdingbar, aber zielführend muss er sein.» Er, der Chef M., habe «eine Machbarkeitsstudie in Auftrag gegeben, und die kommt. Wir brauchen ein Mengengerüst und einen Zeitkorridor.»

Die Kollegen erkennen ihren Chef in diesen sorgsam zitierten Stichworten wieder, und alle haben das Gefühl, dass die Ausdrücke – so, in der Zusammenfassung – lächerlich wirken, veraltet, bemüht, wenig «zielführend».

Einer der Zuhörer in dieser heimlichen Runde wirft ein: «Nur mit einer neuen Denke erreichen wir eine neue Mache!» Ein Lacher, denn das spüren alle, ja, so ist der Chef. «Ich erwarte eine Kultur der Anstrengung, wir müssen den Begriff der Effizienz ganz neu denken», tönt ein anderer weihevoll. «Das werde ich zur Chefsache machen», sagt jemand im gleichen Ton. Und noch einer: «Ich danke Ihnen für diese Einschätzung!» So pflegt Marcus M. offenbar jeden Diskussionsbeitrag zu quittieren. «Der lebt doch schon lange in einer Parallelwelt!», ruft einer höhnisch.

Da sind sich die Rebellen einig, der Mann ist durch. Die Produktion musste er runterfahren, weil er die Kosten raufgefahren hatte. Er eiert rum! Immer diese Aufgeregtheiten, das kennt man bei ihm. So manchen Trend hat er verschlafen. Da waren andere längst aufgewacht. Man muss eben auch mal früher aufstehen, sonst kann man sich bald warm anziehen. Vor drei Jahren, als er anfing, schien das ein Auftakt nach Maß. Und jetzt? Ein Ende auf Raten.

Erst redet er immer gern davon, hier müsse man zuschlagen, doch sagt er das, ohne dass er sich wirklich in der Sache eindeutig positioniert hätte. Erst soll alles top sein, dann hört man «das ist nicht darstellbar». Oder er macht auf dicke Hose, doch nachher heißt es: «Das war nicht meine Entscheidung!» Aber so läuft das nicht: Erst in Deckung gehen und von dort aus versuchen, die eigene Boy-Group stressfrei zu Höchstleistungen zu knüppeln; und dann beim flotten Desaster den Unbeteiligten geben.

Ja, wenn es drauf ankommt, geht bei dem nichts mehr. «Dann wird er ausfällig oder fällt aus», so sieht man das. Manche Vereinbarung ist schon gekippt worden und dann ultimativ geplatzt. Und was gab es stattdessen? Eine suboptimale Lösung. Oder gar keine.

Inzwischen hat er sogar sein Lieblingsprojekt voll an die Wand gefahren. «Das ist die Höchststrafe», meint einer. Die anderen nicken. «Bestimmt ist das jetzt bitter für Herrn M., aber von mir hat der längst die Rote Karte», brummt ein anderer. «Der muss jetzt ganz tapfer sein», sagt jemand. Einige lachen. «Sonst fliegt ihm noch der eigene Laden um die Ohren.»

«Kann dem nicht mal einer den Stecker ziehen?» Man ist sich einig, und Schadenfreude kommt auf, als sich einer ausmalt: «Dann wird seine Leidensfähigkeit mal wieder einer harten Probe unterzogen.» Ein Kollege rät scheinbar zur Geduld. «Es ist sowieso vorbei, definitiv. Die setzen dem – ganz klar – den Stuhl vor die Tür, und er hat's hinter sich. Dann wird er einsam seine Flinte schultern und in den Sonnenuntergang reiten.»

Der Gegner ist schwer zu spielen
Eigentlich ist ja Fußballspielen so ähnlich wie Skatspielen oder Klavierspielen, rein sprachlich gesehen. Bei dem Satz «ich spiele Fußball» ist *Fußball* kein richtiges Objekt, eher der Name des Spiels. Aber

dieses beliebte Spiel folgt seinen eigenen Sprachregeln. «Die Mannschaft hat *einen* guten Fußball gespielt.» Da haben wir das Objekt. Sie haben «einen Fußball» gespielt.

«Er hat eindeutig den Ball gespielt», sagt der Kommentator. Jeder versteht das, aber sonderbar ist es trotzdem. Soll heißen: Er hat nach dem Ball getreten, nicht nach dem Gegner. Beim Fußball hat sich eine Fachsprache entwickelt, die Objekte kennt, die es sonst nicht gibt. «Er schoss ein Tor», das erscheint wie eine glückliche Mischung aus: Er schoss aufs Tor, er erzielte ein Tor.

«Der Schiri pfeift Ecke. Wer tritt den Elfer? Er zieht den Ball mit Links ab.» Lauter ebenso erfolgreiche wie sonderbare Konstruktionen. Eine eigene Sprache. Es geht genauso gut auch ganz ohne Objekt: «Hanke verfehlt nur knapp. Schneider verschießt. Klose köpft zum 2:0!»

Man spielt, gewiss! Aber nicht immer nur «einen Fußball» oder einfach «den Ball». Nein, gern wird auch gesagt: «Oliver Kahn hat eine tolle *Partie* gespielt.» Oder, als Steigerung: «Frings hat eine herausragende *Saison* gespielt.» Ebenso verständlich ist der Wunsch: «Ich würde gern die *EM* noch spielen.» So kann das Spielen viele Objekte haben.

Selbst der Gegner ist längst zum Objekt geworden: «Die Nürnberger sind eine sehr schwer zu spielende Mannschaft.» Genau genommen sind die Nürnberger hier Subjekt. Aber die Zwischenstufe wird gewesen sein: «Wir spielen *den Gegner*», verwandelt zu «Der Gegner ist schwer zu spielen». So wird aus einem merkwürdigen Objekt ein Subjekt. Das können nur Fußballer (und ihre Journalisten).

Selbst ein Sieg kann gespielt werden, jedenfalls «herausgespielt». (Ja, toll, wie dieser Sieg herausgespielt wurde.)

Nun wäre es aber übertrieben, immer nur vom *Spielen* zu sprechen. Es gibt auf dem Platz noch viele andere Tätigkeiten. Da wird auch *gegangen*: «Wir werden volles Tempo gehen», sagt man vorher. Und nachher: «Da wurde in die Zweikämpfe gegangen, da wurde hart zur Sache gegangen.» Man beachte das Passiv. «Die Jungs haben sich reingehängt.» Klingt auch nicht so sehr aktiv, ist aber so gemeint.

Fast nach Untätigkeit, gar Arbeitsverweigerung klingt die Formel:

«Wir haben hinten kompakt gestanden.» Es ist aber ein Lob. Die Spieler sind in Wirklichkeit auch viel gelaufen, haben dabei aber hinten «hermetisch abgeschottet». Oder eben: Kompakt gestanden. Will sagen: Da war für die Gegner kaum ein Durchkommen. Und im Mittelfeld haben sie die Räume eng gemacht.

Jeder will sich hier und heute beweisen. «Ich werde alles geben!», das ist Pflicht. Später hört man: «Wir haben rechtzeitig dagegengehalten und konnten das Spiel noch drehen.» Die Mannschaft hat ins Spiel zurückgefunden. Es ist ihr gelungen, ihr Potential abzurufen. Das zeichnet sie aus.

Mit anderen Worten, es gibt auf dem Platz viel zu tun und allerlei Tätigkeiten sind auszufüllen («Gut aufgepasst von Lahm!»). Wenn das Spiel vorbei ist, haben die Spieler sogar noch was zu übergeben, jedenfalls wird es jetzt gleich heißen, sie hätten «ein gutes Spiel abgeliefert». Abliefern ist Standard.

Von jenen Spielern, die leider keine gute Leistung gezeigt haben, wird man hingegen sagen, sie «konnten keine Akzente setzen». Klingt nach einer Fünf im französischen Diktat. Ja, Akzente setzen, das muss man heute können. (Mit Akzent *sprechen*, das können die meisten in der Bundesliga ohnehin.)

Nach dem Abpfiff sind die Sieger glücklich. «Wir haben», sagt der Trainer, «das Spiel von Anfang an in die Hand genommen.» Hauptsache nicht den Ball.

Dienstleister produzieren

Das Mitglied einer politischen Kommission, die Vorschläge erarbeiten sollte, jedoch schon allzu lange darüber brütete, verriet auf einer Pressekonferenz vorab: «Wir produzieren Ergebnisse.» Als ich das hörte, stutzte ich. Kann eine Kommission etwas produzieren? Doch dann wurde mir klar, dass es wohl zum allgemeinen Ziel geworden ist, ein Produkt hervorzubringen. Mir fiel auch wieder ein Werbespruch der Bundeswehr ein, der vor mehr als drei Jahrzehnten wunderbar provokant wirkte: «Wir produzieren Sicherheit.» Da hatte man doch gleich das Gefühl, diese sonst so tatenlose Truppe habe wirklich eine

Aufgabe. Vielleicht fing es damals an, dass man sich rühmte, auch unter den Produzierenden zu sein.

In der DDR hieß die ganze Wirtschaft «Produktion», denn Service-Unternehmen oder gar Dienstleister waren unbekannt. Deshalb rief man in der Wendezeit: «Stasi in die Produktion!» Inzwischen könnte es so scheinen, als habe der Westen vom Osten gelernt. Denn unsere bisherigen Dienstleister sind nun auch in die Produktion gegangen. Vom Reiseriesen TUI konnte man lesen, er «produziere» weiterhin in Hannover. Gemeint war, dass dort die Reisen geplant und die Angebote in Prospekten veröffentlicht werden.

Als zwei Versicherer fusionierten, stand in der Zeitung, der Sitz des Unternehmens werde Frankfurt sein, «die Produktion in beiden bisherigen Standorten verbleiben». Die Produktion? Weil dieser schöne Ausdruck, bei dem man Produktionsstraßen vor sich sieht, wohl nicht nur mich verwunderte, gab es noch eine Erläuterung. Sie besagte, «produziert» würden die Tarife und die einzelnen Versicherungspolicen.

Man will nicht Dienstleister sein, sondern richtig was produzieren und nennt es jetzt auch öffentlich so. In der Betriebswirtschaftslehre gehörte es allerdings schon lange zur Fachsprache, auch Dienstleistungen als «Produktion» anzusehen.

An dieser Stelle sollten wir die Kultur nicht vergessen. Seit langem werden Filme produziert, in jüngster Zeit nennt man auch eine neue Inszenierung im Theater eine Produktion. Und so kann es uns nicht wundern, dass Mozarts berühmter Librettist Lorenzo Da Ponte vom Spiegelautor Urs Jenny als «Wiener Kulturproduzent» vorgestellt wurde, weil er auch Regisseur war. Schon damals soll man also Kultur produziert haben.

Der nächste Schritt wäre, dass ein Opernintendant für die neue Spielzeit nicht sieben neue «Produktionen», sondern «Produkte» ankündigte. Soweit ist es wohl noch nicht. Doch die einstigen Dienstleister sind ihm schon vorangegangen. Alles, was die Deutsche Bahn anbietet, sind heute Produkte, also jede Zugverbindung, selbst der Zugtyp (ob Regionalbahn oder ICE) wird in Tabellen «Produkt» genannt.

Sparkassen und Banken bieten ihre Tarife als Produkte an, ihre Fonds und Verträge sowieso. Der Kunde kann auch «Bausparprodukte» vergleichen und erwerben. Und nicht nur die Reiseveranstalter selbst offerieren Produkte, auch Länder tun das. Von einem Tourismusmanager hörte ich: «Ägypten steht gut da, hat gute Produkte.»

So erheben sich alle Dienstleistungsbranchen zum produzierenden Gewerbe. Der «Dienst» und das «Dienen» machen vielleicht doch nicht so viel Spaß, obwohl am Telefon oft zu hören ist: «Mein Name ist Tina Schneider, was kann ich für Sie tun …?» Eine Firma sagt noch viel lieber: «Wir können Ihnen ein sehr interessantes Produkt anbieten.»

Doch der Aufstieg geht weiter. Man will *Industrie* sein. Lufthansa-Chef Mayrhuber spricht im Interview weniger von «unserer Branche», wenn er die Airlines meint, sehr viel lieber von «unserer Industrie». (Offenbar auch ein Übergang von Französisch zu Englisch, von der «branche» zur «industry».) Hört man nun von der «Luftfahrtindustrie», darf man raten, ob Airbus, Boing und Co gemeint sind – oder die Airlines.

Das Wort Industrie ist die Krone, auch für andere Dienstleister. Schon kann man – ganz amerikanisch – von der «Wirtschaftsprüfer-Industrie» lesen, ebenso von der Finanzindustrie. Selbst ein Versicherer wie die Allianz lässt sich zu den Industriekonzernen zählen. «Die Versicherungsindustrie …», ja, so spricht man jetzt gern.

Dieser Trend scheint eine lange Tradition zu haben, die nicht erst aus den USA kommen musste. Schon im Frankreich nach Napoleon, so um 1830, als das reiche Bürgertum auf sich hielt, nannten sich Händler, Bankiers und selbst Gutsbesitzer gern «die Industriellen».

Flüssiges Geld für Spitzenpreise
«Abwasserkanal soll Stadtkasse füllen», so stand es in einer Zeitung, und mancher erschrak. Denn nicht Abwasser gehört in eine Kasse, sondern eine andere Flüssigkeit, nämlich Geld. Erstaunlich aber bleibt, dass auch Geld meist als flüssig gedacht wird. «Im vergan-

genen Jahr spülte der Kanal gut 30 Millionen Gewinn ein.» Auch das stand in der Zeitung, gemeint war diesmal aber ein ganz anderer Kanal, nämlich der Fernsehkanal Vox, der seiner Mutter dieses Glück bescherte.

Es fließt fast immer, wenn Journalisten von Einnahmen des Staates sprechen. Da kann uns auch eine Schlagzeile aus dem Darmstädter Echo nicht wundern, die aus Kopenhagen eine neue Geldquelle meldete: «Dänischer Fiskus will Samenspender anzapfen.» Immer flüssig. Vielleicht kann man sich die Menge dessen, was hereinkommt, gar nicht anders vorstellen. «Spielbank spült Geld in die öffentliche Kasse», liest man, oder: «Die Steuererhöhung soll Milliarden in die Staatskasse spülen».

Geht es um staatliche Beihilfen, so handelt es sich offenbar um winzige Mengen, denn sie fließen durch eine Kanüle – als Finanzspritzen. «Rentenkasse braucht dringend eine Finanzspritze von 1,2 Milliarden Euro.» Hauptsache flüssig.

Unsereiner hingegen, obwohl an sich flüssig, besitzt immer noch Hartgeld und muss, so nennt man das bei Preiserhöhungen weiterhin, «tiefer in die Tasche greifen», wo offenbar die Silbertaler klimpern. Und manchmal kann das Finanzamt die Steuerschuld noch «abgreifen». Offenbar Geldscheine. Neuerdings werden auch Manager recht altertümlich und wollen «eine erhebliche Summe in die Hand nehmen». (Wahrscheinlich eine Art von Festgeld …)

Im Unternehmen zirkuliert das Geld flüssig (cash flow), Sachwerte jedoch sind immer hart und müssen erst verflüssigt werden: Ein Insolvenzverwalter «liquidiert» das Unternehmen. Ärzte pflegten früher vornehm zu liquidieren, wenn sie Geld sehen wollten. Das ist aus der Mode gekommen, seit auch Gangster liquidieren, nämlich ihresgleichen.

Inzwischen hat die bekannte Flüssigkeit Geld selbst mein Konto erreicht, etwa wenn die Steuerberaterin fragt: «Welche Einnahmen sind Ihnen zugeflossen?» Das gilt erst recht von öffentlichen Konten, in denen es schwappen muss. «Der Gewerkschaft droht der finanzielle Ruin, denn ihre Finanzkassen sind ausgetrocknet», so stand es in der Zeitung. Das ist wohl eine moderne Steigerung jener «Ebbe», von der jede Kasse schon immer bedroht war. Jetzt also Dürre. Dennoch habe ich mir öffentliche Kassen meist noch wie eine Schatztruhe vorgestellt.

Vom Geld unterscheiden sich die Preise. Sie können durch Inflation (Aufblähung) steigen, sie können aber auch sinken. Flüssig sind sie nicht, manchmal ist nur viel Luft drin, manchmal sind sie «hart» kalkuliert.

Für den, der kaufen will, ist ein guter Preis immer ein niedriger, das schien mir festzustehen. Aber es war ein Irrtum. «Start frei für die Rekordpreise» textete eine Computerfirma für ihre Laptops. Es sollten aber keine hohen Preise sein, wie man sie aus anderen Nachrichten kennt, etwa «Rekordpreis für Schiele bei Sotheby». Nein, bei den Computern muss es sich um andere Rekordpreise handeln, um rekordverdächtige Tiefpreise.

Ein Hotelreservierungs-Service wirbt mit «Superpreise weltweit». Und inzwischen weiß ich wenigstens, was gemeint ist. Denn endlich habe ich gelernt, dass «super» einfach nur toll und klasse ist, aber nichts mehr mit «oberhalb» zu tun hat, was es mal bedeutete.

Halbwegs eindeutig geblieben sind die «Spitzenpreise» («Heute erzielen seine Weine Spitzenpreise»), aber auch das wird nicht mehr lange so sein. «Das Hotel bietet Komfort zu Spitzenpreisen», solch eine Bemerkung müsste Schnäppchenjäger heute noch abschrecken, aber wohl nicht mehr lange.

Eine Hotelkette warb mit den Worten «Annehmlichkeiten zu einem unübertroffenen Zimmerpreis». Nun ja. Man versteht inzwischen, die Preise können kaum *unter*boten werden und gelten darum als «unübertroffen», gleichsam nach unten nicht zu überbieten. Und daher ahne ich auch, was es bedeutet, wenn mir angekündigt wird: «Unsere Preise übersteigen alle Ihre Erwartungen!»

Ich stelle mich zur Verfügung!
Es drängte den Einzelhändler Gernot P. in den Rat seiner Heimatstadt Neuhausen. Es drängte ihn, und *er* drängte. Er ließ sich aufstellen. Man *habe* ihn gedrängt, ließ er überall streuen. Das gehört dazu.

Er «stelle sich zur Verfügung», das war der offizielle Sprachgebrauch, denn anders sagt man das nicht. Und am Ende wird es heißen
«ich stehe nicht mehr zur Verfügung». Aber bis dahin ist es noch ein
langer Weg.

Ein Wertkonservativer sei er, aber ein Modernisierer, sagte er zu
seiner Kandidatur. «Meine Partei steht für einen vielfältigen Mittelstand», rief er immer wieder. Und wurde dabei deutlich: «Ich sage
eins ganz klar: Wir werden uns immer zu bemühen haben, alles zu
tun, was unter den gegebenen Möglichkeiten gerechtfertigt erscheint.
Für unsere Stadt!» Kraftvolle Worte. Es ging ihm um das Machbare,
aber mit Augenmaß. Gesunder Menschenverstand gegen ideologische
Scheuklappen. Für die Bürger! Die Dinge nach vorn bringen. Wieder
stolz sein können ... «Tatsache ist ...»

Nach seiner Wahl stellte er laut und zufrieden fest: «Ein guter Tag
für Neuhausen!» Und gleich wurde er noch deutlicher: «Es geht nicht
um eine Politik des sozialen Kahlschlags und der humanitären Kälte,
wie mir unterstellt wurde, aber sozialpolitisch ist das Ende der Fah-
nenstange erreicht.» Er erwarte Solidarität und beanspruche einen
eigenen Gestaltungsspielraum. Man müsse rechtzeitig gegensteuern.
«Das darf nicht geblockt werden.»

Stabwechsel gelungen. Auftritte der besonderen Art. Verhandlungen mit dem Ergebnis: «Das bringt ein Mehr an Sicherheit.» Er
muss durchgreifen. Und bald raunt man anerkennend: «Der fährt
eine harte Linie.» Hatte nicht der abgetretene Bürgermeister herum-
geeiert? Reformstau, Schuldenfalle? Ja, diese Schuldenfalle, in die
man geraten war, hatte es dem Neuen besonders angetan. Dazu ent-
deckte er weitere Fallen, aus denen er die Stadt hinausführen wollte:
die demografische Falle, die Kostenfalle und die Sozialfalle. Alles Las-
ten der Vergangenheit. «Es gibt keine Lösung, ohne dass wir ...» So
beginnen jetzt seine Sätze.

Das neue Stadtoberhaupt schien immer auf Ballhöhe. Gute Mann-
schaftsleistung obendrein. Wenn er die «Aufgeregtheiten der Opposition» sah, konnte er versichern: «Damit habe ich überhaupt kein Problem!» Und wie immer wurde er sehr politisch:

«Ich sag's noch einmal ... Und ich habe immer gesagt ... Der Kurs

wird fortgesetzt. Es gibt Einwände, was ich nicht kritisieren kann ...
Doch es wird jetzt darauf ankommen, gemeinsam ... Und das ist der
Kern von dem, worum es jetzt geht. Mein Eindruck ist ... Wir müssen diese Abläufe optimieren ... Und ich will Ihnen auch sagen, warum ...»

Er war entschlossen, Maßnahmen zu ergreifen, bis die Maßnahmen
greifen. Doch auf einmal stand er in der Kritik. «Wirbel um Stadtoberhaupt» schrieb die Presse. Er geriet unter Druck, kam in die
Schlagzeilen. Für ihn wurde es eng, er stand in der Schusslinie... Jetzt
war Solidarität gefragt. «Man soll den Erfolg nicht kleinreden», sagte
er halblaut und suchte den Dialog mit der Basis. Aufklären war angesagt, rückhaltlos.

Im Rathaus begann die Dementiermaschine zu laufen. «Da ist
nichts dran. Die Behauptungen entbehren jeder Grundlage. Dies entspricht nicht den Tatsachen. Nichts davon stimmt! Das weise ich entschieden zurück! Wir erwägen rechtliche Schritte und sind durchaus
in der Lage, angemessen zu reagieren ... Ich habe mir lediglich vorzu-
werfen ... Die Summe wurde ausschließlich ... wobei allenfalls ...»
Und zu den Vertrauten sagte Gernot P. mit letzter Kraft: «Kein Grund
zur Panikmache. Das stehen wir durch.» Wirklich?

Macht er den Abgang? Er rudere zurück, hieß es, nun suche er nur
noch nach einem starken Finale. Er selbst sagte vor Vertrauten, er sei
kurz davor, im Rat zu erklären, er stehe nicht mehr zur Verfügung ...
Dort sagte er dann, was zum Schluss alle vorbringen: «Ich muss meine Familie vor ungerechtfertigten Angriffen schützen; auch kann ich
meine Verteidigung besser führen, wenn ich nicht mehr an ein Amt
gebunden bin. Ich werde kämpfen.»

Dies findet nicht meine Zustimmung

Das spitzeste deutsche Wort ist für mich «dies». Nicht zu Unrecht
reimt es sich auf «Spieß» und auf «schieß!» Und nirgendwo ist es beliebter als in der Politik, denn dort entfaltet es sein Talent. Im Kampf
ist es eine Waffe und in der Argumentation präzise wie eine Nadel.

Es gibt Steigerungen. Lässt ein Politiker es ruhig angehen, dann äußert er seine Empörung so: «*Es* ist unzumutbar ...» Hat er seinen Gegner vor sich, kann er den Eindruck von Zorn und Erregung erhöhen mit «*Das* ist unzumutbar ...» Will er jedoch echt giftig werden, wählt er: «*Dies* ist unzumutbar ...»

Das Pronomen «dies» soll, grammatisch gesehen, eigentlich recht genau auf etwas verweisen, was zuvor angegeben worden ist. Daher ist das Wort nicht nur wegen seines Aggressionspotentials beliebt, sondern auch, weil es bei Zuhörern die Vermutung aufkommen lässt, zuvor habe der Herr Abgeordnete das Gemeinte exakt bezeichnet. «*Dies* ist nicht hinnehmbar, meine Damen und Herren!», ruft er aus. Doch niemand weiß, was er genau meint und worauf er sich bezieht.

Beliebt ist das Wörtchen auch anderswo. Ein Jurist: «Das Werkstück, wenn dies schadhaft ist ...» Ganz unnötig. Juristen aber lieben den Schein von Genauigkeit: «Die Befragung von K. ergab, dass dieser auch nichts gesehen hatte.» Ein Sportjournalist über einen Spitzenmann: «Er ist in eine strengere Mannschaft gewechselt, aber diese spielt besseren Fußball.» Manieriert.

Niemand jedoch liebt das Wort so wie die Pressesprecher der politischen Kaste. Nehmen wir einen echten Fall. In einem Schulbuch war das Wort «Zigeuner» aufgetaucht, denn man hatte einen historischen Text des großen Walter Benjamin abgedruckt. Die Schulbehörde verlangte wegen des anstößigen Wortes eine Änderung. Schließlich musste die Kultusministerin eingreifen. Sie war einerseits für den historischen Benjamin, andererseits gegen das belastete Wort. Und ihr Pressesprecher verlautbarte in ihrem Namen:

«Es geht um den Abbau von Vorurteilen. Eine *diesbezügliche* Sensibilisierung im Umgang auch mit historischen Texten ist sicher sinnvoll. Seine Grenze findet *dies* in einer Maßregelung publizistischer Arbeit. *Dies* findet nicht meine Zustimmung.»

Zweimal das spitze «dies»! Recht hübsch ist es auch, dass vorher schon das bürokratische Schreckenswort «diesbezügliche» auftritt. Es bietet eine übertrieben deutliche Anknüpfung. Denn «eine *solche* Sensibilisierung», das hätte wohl genügt.

Offenbar ist auch der Bezug von «dies» in beiden Fällen nicht korrekt. Die Anknüpfung bleibt ungenau. Im ersten Fall hätte es sich auf

«Sensibilisierung», im zweiten Fall auf «Maßregelung» beziehen müssen, zwei weibliche Substantive. Es hätte also «diese» heißen müssen. Aber das wäre unpraktisch gewesen. Ja, es scheint nur noch «dies» zu geben, ungebeugt, wie man auch fast immer «als solches» sagt – auch das in der neutralen Form. (Diese Mode finde ich *als solches* jedoch bedenklich.)

So sieht es aus in der Werkstatt der Pressesprecher. Eigentlich könnten die Damen und Herren Helfershelfer für ihre Politiker anders schreiben. Ich meine, wenn ihr Zustand *dies* erlaubt. Oder ihre Kunst.

Noch ein letztes Beispiel. Die deutschen Innenminister diskutierten, ob die Farbe der Polizeiuniformen in allen Ländern zu Blau wechseln sollte. Ein Ministerium forderte ein gemeinsames Vorgehen und verlautbarte: «Ein abgestimmtes Verhalten ist unverzichtbar für ein einheitliches Erscheinungsbild der deutschen Polizei. Dies ist sicherzustellen.»

Gut, gut! Wir hätten ja den Typ «Pressemitteilung» schon erkannt, wenn wir nur diese drei unnachahmlichen Verwaltungsausdrücke gelesen hätten: «abgestimmtes Verhalten», «unverzichtbar», «Erscheinungsbild». Und dann noch «dies» am Anfang eines Satzes. Nein!

Dies weise ich zurück!

Ein Parteifreund

Eine besonders süß säuselnde Schmeichelrede scheint mir in dem Wort «Parteifreund» zu stecken. Parteifreund! Natürlich besser als «Genosse» oder gar Parteigenosse. (Unmöglich. Wer hätte auch schon die Partei genossen.) Also besser: alles *Parteifreunde*.

Das sind diejenigen, denke ich mir, die an ihrer Partei am meisten leiden. Und die doch schweigen müssen oder nur in Euphemismen sprechen dürfen, wenn sie mal laut seufzen wollen. «Darüber wird man reden müssen ...», pressen sie sich ab. «Also, ich fand's wenig glücklich», stöhnen sie über besondere Parteifreunde im Kabinett. Ganz dezent. Oder: «Da gibt es noch Optimierungsbedarf ...» Aus der Regierung tönt es dann zurück: «Das war kaum hilfreich!»

Auch wenn unser Mann, Abgeordneter der Regierungspartei, noch so sehr den Kopf schütteln muss, eins darf er dann nicht sagen, nämlich: «Das verstehe ich nicht!» Man könnte ihn ja für begriffsstutzig halten. Darum sagt er, wenn er seinen Groll einem Pressefritzen steckt: «Das ist für mich *nicht nachvollziehbar.*» Oder: «Dafür habe ich *kein Verständnis*!» Dann ist es ganz deutlich, in welchem Sinne er «nicht verstehen» kann. Von solch feinen Unterschieden können wir Nichtpolitiker viel lernen.

«Damit bin ich nicht einverstanden ...», hätte er fast gesagt in jenem Hintergrundgespräch mit der Presse, zu dem er gebeten hat wie ein Großer. Doch die Wendung «nicht einverstanden» steht ihm nicht zu. Er ist ja keine Instanz. Darum wählt er lieber: «Das überzeugt mich nicht.» Das darf er sagen, denn die Fraktionsmitglieder sind doch die Ersten, die überzeugt werden müssen, wenn die neuen Regelungen «draußen im Lande» verstanden werden sollen. «Das überzeugt mich nicht», wiederholt er, «noch nicht.» Dieses «noch» soll andeuten, dass er sich ja überzeugen ließe, wenn die Regierung nur mit ihm reden würde.

Nun ist es passiert! Sein Intimfeind in der Partei, ein gewisser Peter M., leider stellvertretender Fraktionschef, hat einen schlimmen Fehler gemacht. Schon gilt er öffentlich als umstritten. Wieder wendet sich unser Mann an die Presse und will als anonyme Stimme «aus der Fraktion» zitiert werden: «Herr M. muss sich die Frage gefallen lassen ... Er muss sich selbst prüfen, ob er noch stellvertretender Fraktionsvorsitzender bleiben kann ... Andernfalls sollte er über persönliche Konsequenzen nachdenken.» So wird es also in der Zeitung kolportiert werden. Alles nur Anregungen für den Parteifreund. Der Herr M. soll sich selbst fragen! Nur mal so als Empfehlung gedacht.

Leider kann sich «Herr M.» halten. Unser Mann muss also weiter aus der Deckung heraus agieren: «Das wird leider von der Regierung *noch* anders gesehen.» Sein Satz klingt zuversichtlich: Die werden auch noch darauf kommen. «Noch» sei das anders. Er sagt auch: «Noch sehe ich zu viel Effekthascherei, aber keine schlüssigen Konzepte.» Dabei bleibt er wohlwollend im Ton und schließt: «Das kann politisch nicht gewollt sein ...» Und: «Davor kann ich nur warnen!»

Bald jedoch klingt er fast verzweifelt: «Der Ministerpräsident wäre gut beraten ...» Nun, diese Wendung ist schon verbraucht. Man weiß ja, die Mächtigen haben immer nur die falschen Berater, sie selbst hingegen sind prima. So muss man das verkaufen. Aber unser Hinterbänkler, diese Ein-Mann-Opposition innerhalb der Regierungspartei, hat höhere Pläne. Diese falschen Einflüsterer, man müsste sie nicht nur fortschicken. Man sollte ihn, *ihn*, den wahren Berater engagieren.

Deshalb lässt er sich vernehmen: «Der Herr Ministerpräsident braucht mehr Beratung, und ihm wäre geholfen, wenn er ...» Ja, wenn er was? Wenn er den stöhnenden Parteifreund zu seinem Ratgeber machte. Aber das wagt nicht einmal dieser Aufdringliche auszusprechen. Jemand müsste ihn vorschlagen ...

Tut aber niemand, leider. Darum greift unser Mann mit trotzigem Unterton wieder zu seiner gewohnten Selbstermunterung und droht: «Ich werde weiter Position beziehen.»

IV – Ist das korrekt?

Es macht Sinn, Sie zurückzurufen
Zwei Redewendungen aus dem Amerikanischen, lange eingedeutscht, ärgern manche Sprachfreunde besonders: «Das macht Sinn» und «Ich rufe Sie zurück». Doch ich will versuchen, ein gutes Wort für beide einzulegen.

«It makes sense» wurde Anfang der achtziger Jahre ins Deutsche übernommen, ganz wörtlich als «Das macht Sinn». Viele Sprachfreunde lehnten die Formulierung ab mit dem Argument, im Deutschen könne etwas nur Sinn *haben*, nicht machen. Ausgerechnet Karl Korn jedoch, der ebenso sensible wie konservative Sprachkritiker der FAZ, hatte damals gegen diese Übernahme «nichts einzuwenden». Im März 1982 habe der deutsche Wirtschaftsminister (das war Otto Graf Lambsdorff) die Wendung oft gebraucht. Mit ihr werde, nicht ohne Grund, eine neue Bedeutung von «Sinn» hereingeholt, schrieb Korn anerkennend.

Bislang habe, räumte er ein, im Deutschen etwas nur Sinn «haben» können, aber die Amerikaner hätten recht: Sinn «ergebe» sich oft erst durch das «Zusammenstimmen von Elementen». Das zu erkennen sei angelsächsischer Pragmatismus. Damit verteidigte Karl Korn genau das Wort «machen», das so viel Anstoß erregt hatte, weil es undeutsch klang.

Es ist gewiss immer erfrischend, wenn jemand gegen den Strom schwimmt. Doch zweierlei könnte man gegen Korn einwenden. Er sagt ja selbst, Sinn «ergebe» sich manchmal. Warum dann nicht so übersetzen «Das ergibt Sinn»? Zum anderen hat Karl Korn nicht erwogen, dass «sense» im Englischen mehr die Bedeutung von Vernunft als von Sinn hat (sensible heißt ja: vernünftig). Darum sollte man vielleicht übersetzen: «Das ergibt einen vernünftigen Sinn.» Und weil sich das allzu umständlich, ja betulich anhört, könnte man ganz locker sagen «... klingt vernünftig!»

Auch andere Eindeutschungen sind also möglich. Aber Korn zeigte in jedem Fall eine tolerante Einsicht und war fähig, Neues zu begrüßen. Es scheint mir wie ihm übertrieben, den Import abzulehnen, gar mit empörten Worten wie «Im Deutschen kann man Unsinn machen, aber keinen Sinn!» oder gar «Wer von ‹Sinn machen› spricht, hat sein Sprachgefühl für immer abgelegt». Das sind aufgedonnerte Worte jüngerer Sprachkritiker aus neuester Zeit, die kaum Sinn machen. Sie klingen, finde ich, nicht vernünftig.

Wer über Anglizismen die Stirn runzelt, jagt noch ein anderes Wild, nämlich die Redewendung, die man am Telefon sagt: «Ich rufe Sie zurück!» (I'll call you back!). Warum ausgerechnet diese Wendung so stark abgelehnt wird, ist mir ebenfalls nicht klar. Wieder hört man, die Worte seien undeutsch, weil «zurückrufen» bislang etwas anderes bedeutet habe: Jemanden so zur Umkehr bewegen, wie man einen Hund zurückpfeift. Als gäbe es nicht auch Wendungen wie «ich komme darauf zurück» oder «ich melde mich zurück».

Das andere Argument gegen den Einwanderer lautet, es gebe im Deutschen die alteingeführten Worte «ich rufe Sie wieder an!» Die solle man wählen. Doch dieser Rat scheint mir nun wirklich daneben. Denn zwischen beiden Wendungen gibt es einen klaren Unterschied. «Ich rufe Sie wieder an» bedeutet, dass ich jetzt der Anrufer war und bald wieder anrufen will.

Hingegen sagt man «Ich rufe Sie zurück» meiner Meinung nach nur dann, wenn man selbst angerufen worden ist. Man kündigt also eine Art Retourkutsche an: «Sie haben mich jetzt angerufen, und ich werde mich bald bei Ihnen melden.» So fragt man ja auch, wenn man jemandem die Telefonkosten ersparen will: «Soll ich dich zurückrufen?» Das ist gutes Deutsch.

Wer es nicht so sieht, den möchte ich am liebsten zurückrufen. Von seinem Irrweg.

Total inakzeptabel

Der Einfluss des Amerikanischen hat *dramatisch* zugenommen. Und es gibt auch schon Leute, die *massiv* dagegen vorgehen. Hoffentlich merken diese Sprachfreunde, dass sie mit diesen Alarmwörtern selbst *exakt* den amerikanischen Stil zu uns hereinholen. *Definitiv!*

Zweierlei ist bei diesem Wandel auffallend. Einmal, wie stark gewürzt die Sprache dadurch wirkt. Man könnte auch sagen, sie klingt etwas schrill. Jedenfalls nimmt ihre Ausdruckskraft *signifikant* zu (schon wieder so ein Wort), obwohl man diese Steigerung für *absolut* überflüssig halten könnte.

Was noch auffällt ist, dass diese Wörter, wie so viele Einwanderer, lateinischen Ursprungs sind. Das Englische hat ja viel mehr Latein aufgenommen als das Deutsche. Gewiss, diese neuen Verstärker haben wir alle schon gekannt, aber sie stehen jetzt *extrem* stark im Vordergrund.

Wenn man die (früher eher üblichen) deutschen Ausdrücke daneben setzt, wird klar, wie altmodisch und umständlich manche von ihnen inzwischen wirken: dramatisch (besorgniserregend), massiv (kräftig), exakt (genau), definitiv (bestimmt, entschieden), signifikant (eindeutig), absolut (völlig), extrem (äußerst).

Schon die Aufzählung dieser altdeutschen Adverbien könnte wie der Versuch wirken, diese Neuerung *aggressiv* zu bekämpfen. Nein, sage ich, das wäre *inakzeptabel!* Und damit übernehme ich ein weiteres Wort (das im Englischen nur eine etwas andere Vorsilbe hat: unacceptable). Dagegen wirkt doch der Ausruf «Das ist nicht hinnehmbar!» schon fast hilflos, jedenfalls veraltet. Er kann nicht hingenommen werden. Die internationale Währung lautet heute: Inakzeptabel!

Doch eine Frage: Kommt denn die ganze Mode wirklich aus den USA? Ich bin nicht ganz sicher. Denkbar ist, dass uns alle auch einfach nur die Lust am Fremdwort gepackt hat. Es wirkt doch eher gediegen. Vielleicht auch gebildet. Und Verstärker sind ohnehin immer willkommen. Vielleicht haben wir ja auch nur selbst in unserer alten Lateinkiste gekramt.

Und beteiligen uns auf diese Weise *aktiv* am Sprachwandel. Ja, aktiv! Eine bloße Beteiligung ist ja längst nicht mehr denkbar. Man hat heute «aktiv mitgewirkt». Ohne diesen Zusatz wird man vom Mitgestalter zum Zuschauer zurückgestuft.

Und was können wir machen? Sollten wir einfach versuchen, diese heimlichen Verstärker fortzulassen? *Perfekt*! Aber ob wir das schaffen? Nachher wird es heißen, das Ergebnis sei *präzise* Null gewesen. Mit einem Wort: Unser Versuch wird *total* daneben gehen. Einfach, weil wir ohne diese optischen Aufheller *komplett* nicht mehr wahrgenommen werden.

So ganz am Rande des Geschehens gibt es eine kleine Eindeutschung. Es ist üblich geworden, in ironischer Absicht zu sagen «Das war schon heavy». Kein gelungener Import, aber ganz lustig. Meine Vermutung ist, dass daraus unser «Das war schon *heftig*» entstanden ist. Wir hätten dann das «heavy» zurückgeholt. Denn ganz früher ist unser Wort ins Altenglische als «hefig» übernommen worden. Nun ist es wieder da, aus «heavy» wurde wieder «heftig», in *definitiv* neuer Verwendung.

Ich finde das positiv

Man muss über die Amis ja auch mal was Gutes sagen. Also: Meine Intimfeinde unter den neuen Wörtern stammen nicht alle aus den USA! Nehmen wir diese Werbebotschaft (die ausgerechnet von IBM-Deutschland stammte): «Kontaktieren Sie uns!» Ich hielt das für amerikanisch, habe mir aber sagen lassen, dass man dort anders formulieren würde. «Contact us», das wäre allzu formell. Da wählt man lieber «Get in touch».

In der deutschen Presse können wir sogar Sätze lesen wie: «Wenn sie ihren Vater *kontakten* will, muss sie in dessen Büro nachfragen.» Mich schaudert dabei. Kontakten! (Als wir noch französisch geprägt waren und «kontaktieren» sagten, war es auch nicht besser.) Das Substantiv mag ich ebenso wenig: «Sie hat viele Kontakte.» Gut, man sagt inzwischen ja auch «sie ist gut vernetzt», was mir viel angenehmer in den Ohren klingt, aber auch ein Anglizismus ist (well connected, also das Ergebnis von viel networking). Aber in der Zeitung steht dann doch: «Ein Freund der Familie machte den ersten Kontakt.» Ich denke dann mit Sorge an den elektrischen Kontakt oder an das Kontaktgift, das noch schlimmer ist.

«Verbindung», das hätte doch was. Ähnlich wie das amerikanische «Keep in touch!» Bleib in Verbindung, so habe ich es gern. Jedoch «Kontakt halten», darunter kann ich mir nichts Gutes vorstellen.

«Meine Mutter hat mir zu spät *kommuniziert*, dass sie sehr an mir hängt.» Blöder kann man das doch wohl nicht sagen. Es soll so klingen, als sei es amerikanisch, aber das stimmt nicht. Ich habe mich erkundigt und gehört, «to communicate» werde dort ebenfalls sparsamer eingesetzt als bei uns, weil es als formal und steif gilt.

«Klingt *positiv*!» Aber wenn ich diese Worte höre, möchte ich am liebsten entgegnen, das klinge für mich ziemlich *negativ*. Ich meine die Ausdrucksweise. Meine Abneigung gegen solch mundfaule Auskünfte wie «Ich finde das positiv» hat ihren Grund wohl in der Spracharmut, die da verschämt zum Vorschein kommt. Als gäbe es nur noch zwei Bewertungen, Daumen rauf oder Daumen runter, positiv oder negativ.

Ist das nicht doch ganz und gar amerikanisch? Haben wir von dort nicht die ständige Aufforderung «Think positive», gleichsam die Perversion des alten «Keep smiling», übernommen? Nicht ganz. Das Wort drückt in den USA eher ein Gefühl als ein Urteil aus. Etwa »I am positive», was heißt: Ich bin zuversichtlich, optimistisch. Also, es könnte sein, dass auch das üble Wortpaar positiv/negativ im Deutschen noch mehr verbreitet ist als in den USA. Ich würde es den Leuten da drüben wünschen.

So muss sich wohl mein vorwurfsvoller Blick auf die internationale Wissenschaft richten, weniger auf unsere amerikanischen Freunde. «Ihre Wählerschaft *generiert* die Partei überwiegend aus bürgerlichen Kreisen», sagte ein Politikwissenschaftler. Zwar ist «generieren» bei uns ein neues Modewort, aber es kann sich kaum auf die USA berufen. Denn dort bedeutet es «hervorbringen», hier wendet man es jedoch fast absurd an. Als könnte eine Partei eine Wählerschaft selbst erzeugen! Nun wird die Anwendung aber noch toller: «Jede Interpretation von Kunst *generiert* sich aus den Fragen nach den Hintergründen.» Das war eben der O-Ton eines deutschen Kritikers.

Ja, «generieren», das ist ein Wort, mit dem sich jetzt mancher schmücken will. Es gehört jedoch in die Mathematik und Linguistik und bedeutet dort: etwas aus einer Formel entstehen lassen. Stammt also nicht aus den USA. Oder nicht nur.

Ich muss mich wohl bei den Amerikanern entschuldigen für meinen Verdacht, all das käme auch von ihnen.

Französische Freunde

«Das Kabinett ist *perfekt*.» Eine solche Zeitungsüberschrift empfindet die Opposition im Parlament vielleicht als doppeldeutig. Dieses Kabinett soll perfekt sein? Keineswegs. Das Missverständnis liegt nahe, weil wir Fremdwörter gern vom Englischen her verstehen. Dort bedeutet «perfect» tatsächlich nur «gut» und keinesfalls «abgeschlossen».

Das soll jetzt das Thema sein: Nicht jedes unserer alten Fremdwörter können wir vom Englischen her deuten. Und umgekehrt, nicht jedes können wir ins Englische übernehmen, denn dort könnte es etwas anderes bedeuten.

«Die Verträge sind *perfekt*.» Die bei uns übliche Bedeutung, «vollendet» im Sinn von «beendet, fertig», stammt aus dem Lateinischen, ein wenig gestützt vom Französischen. Im Lateinischen bedeutet «perfectus» wirklich vollendet im Sinne von «abgeschlossen». Das kam zu uns aus Rom, auf dem Weg über Frankreich.

Französisch, über dreihundert Jahre hinweg (etwa von 1650 bis 1950) bei uns die einflussreichste Sprache, hat also seine Macht noch hie und da bewahrt. Ja, man glaubt es kaum, aber wir stehen manchmal noch Arm in Arm mit unseren französischen Nachbarn und drehen den Angelsachsen eine Nase. «Ätsch, ätsch», rufen wir über das Wasser weit nach Westen, «bei manchen Wortbedeutungen sind wir Nachbarn uns einig! Und das heißt: Nicht mit euch!» Um solche Begriffe soll es mir hier gehen.

«Ist das Parteiprogramm noch *aktuell*?» Ja, und es regelt wirklich «aktuelle» Fragen. Unser Lehnwort stimmt mit dem französischen «actuel» ziemlich überein. Es heißt «gegenwärtig», kann auch die «brennende» Frage bezeichnen.

Das englische «actually» bedeutet hingegen so viel wie «eigentlich»

(I'm actually a journalist). Wollten wir also unser Wort «aktuell» in unser Englisch übernehmen, so wäre es ein «falscher Freund». So nennt man Wörter, die in einer anderen Sprache nicht im gleichen Sinn verwendet werden können. Nur im Französischen ist daher für uns «aktuell» ein echter Freund.

In den letzten fünfzig Jahren sind wir unseren französischen Nachbarn sprachlich vielfach untreu geworden; das festliche Essen, also das Diner, wurde zum Dinner, das Büro zum Office. Da ist es ein kleiner Trost, dass wir manchmal doch noch eher mit Frankreich als mit Amerika verbunden sind. «Die Party war genial!» Gutes Deutsch, aber wenn wir mit Amerikanern reden, sollten wir diesen Ausdruck meiden. Denn im Englischen bedeutet «genial» soviel wie «freundlich, warmherzig». Nur das entsprechende Substantiv «genius» (an artist of genius) kommt unserem «genial» nahe. In Frankreich hingegen finden wir auch mit dem Adjektiv «génial» einen guten Freund (idée géniale).

Wir, Franzosen und Deutsche, schlagen eben den Angelsachsen manchmal ein Schnippchen. Gemeinsam und übereinstimmend verstehen wir auch viele andere Wörter fast gleich, zum Beispiel: kontrollieren (das entsprechende englische Wort heißt: beherrschen). Ebenso verstehen Franzosen und Deutsche das Wort konservieren gleich (auf Englisch bedeutet es einsparen). Weitere Gemeinsamkeiten diesseits und jenseits des Rheins: engagiert (englisch: verlobt, besetzt), profan (englisch: unflätig), sensibel (englisch: vernünftig), eventuell (englisch: schließlich) oder rentabel (englisch: zu mieten).

In englischsprachigen Ländern heißt es also manchmal: Vorsicht, falscher Freund! So ist der «Chef» jenseits und diesseits des Rheins ziemlich dasselbe, in England und den USA aber ist das nur der Küchenchef oder Koch.

Auch unsere Konkurrenz zeigt Übereinstimmung mit den Franzosen, nicht aber mit den Angelsachsen. Im lateinischen Ursprung bedeutet das Verb «concurrere» einfach «zusammenlaufen». Das kann (mehr aggressiv) bedeuten «hart aufeinandertreffen» oder (eher harmonisch) «sich verbinden, passen». Die Angelsachsen haben sich fürs Freundliche entschieden. Dort bedeutet «concurrence» fast das Gegenteil von unserer und der französischen Konkurrenz, nämlich: Übereinstimmung, Einverständnis.

Mit der Folge: Was die Wortbedeutung angeht, leben wir in diesem Fall mit den Franzosen durchaus nicht in deren «kong-küréngs» (concurrence, Wettbewerb) und mit den Angelsachsen ebenfalls leider *nicht* in deren «kenkérens» (concurrence, Einverständnis). Sondern mit den Franzosen sind wir auch bei diesem Wort in Übereinstimmung, mit den Angelsachen jedoch in scharfem Wettbewerb.

Perfekt ist nicht vollkommen

Es ist nützlich, wenn eine Sprache zwei Wörter für die scheinbar selbe Sache hat. So könnte es sein, dass wir manchmal im Vorteil sind gegenüber dem Englischen. Stärker beliebt denn je ist bei uns jetzt das Wort *Realität*. Aber der Grund dafür ist oft nur, dass es gedankenlos aus dem Amerikanischen übernommen wird. «Face reality!» Stell dich der Realität – nein, besser der *Wirklichkeit*. Denn es ist ein Glück, dass es im Deutschen neben der Realität die Wirklichkeit gibt. (Es ist ein spät gebildetes Wort, das man aus dem Verb «wirken» der mittelalterlichen Mystik abgeleitet hat.) Zwar weiß ich auch nicht genau, wann ich das eine, wann das andere Wort verwenden soll. Aber man glaubt doch zu spüren, dass «Realität» mehr in die Fachsprache gehört, die «Wirklichkeit» aber in unsere Welt der Empfindungen. (Übrigens, im Englischen gibt es in diesem Fall wirklich keine Wahl zwischen zwei Wörtern.)

Im Mai 2007 war die englische Königin im Weißen Haus zu Gast, und der Präsident nannte sie in seiner Tischrede «eine gute *Person*». Jedenfalls stand es so in der falsch übersetzten Meldung einer Nachrichtenagentur. Knapp vorbei ist auch daneben. Bei uns darf, ja muss es in den meisten Fällen «Mensch» heißen. Zwar werden amtlich bei uns durch einen Unfall «13 Personen verletzt», aber es würde uns stutzig machen zu lesen: «Viele Personen trauern um die Verstorbene.» Noch sind das zum Glück Menschen.

Im Englischen sind es fast immer «persons». Nur wenn es zum Äußersten kommt, kann man auf Englisch zu «human being» (menschliches Wesen) ausweichen, etwa bei dem durchaus emphatischen Aus- ruf «Er ist ein Mensch!» Das englische «person» wird bei uns aber in schnellen Übersetzungen gern importiert, und die Nachrichtenagen- turen sind darin besonders einfältig. So schrieb AP, Prinz William habe davon gesprochen, «welch wunderbare Person Prinzessin Diana gewe- sen sei». (Früher war das Wort im Deutschen stark abwertend, da sagte man: «eine aufdringliche Person», gerade von Frauen.)

Wir haben häufig ein deutsches Wort neben einem (natürlich auch guten) alten Fremdwort aus dem Lateinischen oder Französischen. Doch beide klingen durchaus verschieden. *Resultat*, da denkt man an Mathematik oder anderes, was messbar ist, bei «Ergebnis» ist man im mehr menschlichen Bereich. (Zugleich steht «Ergebnis» in der Wirt- schaft für Überschuss oder Fehlbetrag.) Aber «Resultat» dringt vor, weil es gern direkt aus dem amerikanischen «result» übernommen wird. Plötzlich haben bei uns auch persönliche Begegnungen ein «Re- sultat». Nur das Wort «ergebnislos» hat noch kein Gegenstück be- kommen.

Mein Lieblingspaar aber ist «perfekt» und «vollkommen». Etwa nach der Aufführung eines Streichquartetts oder wenn ich das Foto eines Stars betrachte, rufe ich gern: «Perfekt ist nicht vollkommen!» Denn für mich reimt sich «perfekt» auch inhaltlich auf «geleckt», es erinnert mich an makellose Massenware aus der Fabrik. Wie «voll- kommen» kann hingegen ein handgearbeitetes Stück sein.

Doch die Amerikaner lieben ihr «perfect», allein schon deshalb, weil sie dazu sprachlich kaum eine Alternative haben. Hoppla, kann das stimmen? Dass ein Wort in einer anderen Sprache keine Entspre- chung haben soll, ist immer eine kühne Behauptung. Einige Möglich- keiten muss man erwägen, und das bekannteste Synonymlexikon der USA bietet viele Alternativen für «perfect» an. Etwa «superb» (a su- perb performance). Am ehesten entspräche unserem «vollkommen» wohl «sublime» (Mozart's sublime piano concertos). Eine Stufe dar- unter ginge auch «consummate» (she dressed with consummate ele- gance), also mit vollendeter Eleganz. Unzureichend wäre «accompli- shed» (a accomplished pianist), was nur auf seine Fähigkeiten und auf eine vollendete Ausbildung zielte.

Andere Ausdrücke wie «excellent» oder «ideal» sagen nicht viel, sie meinen dasselbe wie im Deutschen. Und «supreme» bedeutet nur überlegen. Auch andere Wörter, die jenes Synonymlexikon für «perfect» aufzählt, leben allein vom Vergleich, im Sinne von «besser als alles andere». Also bleibt als Allerweltswort «perfect».

Und was ist mit einem romantischen, leicht verwilderten Garten? Ist der etwa perfekt? Im Englischen durchaus. Aber wir hätten da noch: vollkommen! Vollkommen verträumt und geheimnisvoll – und deshalb «vollkommen» und vollkommen schön.

Das Wort mag ich, wie Sie merken, und würde mir wünschen, es wäre mehr in Gebrauch als perfekt. Denn auch das Wort «perfekt» selbst, ach, es ist nicht vollkommen.

Magische Momente

Das seien, schwärmte der Wissenschaftler, «diese besonderen Augenblicke mit Kindern, so *magisch*, so wunderbar». Die Worte müssen übersetzt worden sein aus dem Amerikanischen, denn das Adjektiv «magisch» haben wir bislang nicht im Sinne von «wunderbar» verwendet. Die Magie und das Magische waren beschränkt auf leicht unheimliche Phänomene («Er fühlt sich magisch angezogen …»). Wirklich, den zauberhaften Augenblick nannten wir bislang nicht einen magischen Moment.

Auch andere Fremd- und Lehnwörter verschieben ihre Bedeutung ein wenig, offenbar unter dem Einfluss des Amerikanischen. Das geschieht, indem Amerikakorrespondenten oder Übersetzer ein ähnlich klingendes Wort wählen, obwohl es im Deutschen eine etwas andere Bedeutung hat. Ist das *korrekt*? Diese Frage ist uns ganz geläufig, doch auch damit wird die alte Bedeutung, die das Wort bei uns hatte, erweitert oder gar verschoben. Es bedeutete: den Regeln gemäß, untadelig. «Sie hat sich korrekt verhalten» sagte man oder «Er war korrekt angezogen». Nun bedeutet das Wort auch bei uns einfach: «zutreffend, richtig».

Man kann sich *zivil* verhalten. Dann bedeutet es so viel wie zivilisiert. Eigentlich aber hörte man bei uns den Gegensatz zum Militärischen heraus (Zivilbevölkerung, er kam in Zivil). In einem erweiterten Sinn sprechen Juristen allerdings schon lange von Zivilrecht und Zivilehe. Im Englischen bedeutet «civil» aber auch «bürgerlich, säkular, weltlich». Daher gibt es jetzt bei uns den Ausdruck «Zivilgesellschaft», der wenig zu unserer Tradition passt. Denn das Wort meint eine Gesellschaft, in der sich die Bürger demokratisch engagieren und Verantwortung übernehmen, statt alles dem Staat zu überlassen. Heute ist es unter angelsächsischem Einfluss der selbstbewusste, tätige Bürger, dessen Tugend mit dem Wort «zivil» gemeint ist. Ein Bürger, der sich von Obrigkeit und Amtskirche emanzipiert.

Gewiss, es sind nur leichte Verschiebungen. Und niemand kann etwas dagegen haben, dass sich ein Sprachgebrauch wandelt. Es kann ja eine Bereicherung, auch eine Modernisierung sein! Aber den Wandel unter die Lupe zu nehmen ist, finde ich, nicht ohne Reiz.

«Das war für mich nie eine *Option*.» Will sagen: Dieses Angebot (diesen Ausweg) hätte ich nie wählen können. Man merkt die Verschiebung der Bedeutung kaum. Aber die «Option» war bei uns zunächst nicht, wie im Englischen, das Objekt, das zur Wahl steht, sondern die Wahl selbst. («Er hat für Frankreich optiert und diese Option nie bereut.») Nun ist es das Angebot selbst: Wählen Sie die günstigste Option!

Inzwischen können im Deutschen die «*Ressourcen*» fast alles bedeuten, auf was man zurückgreifen kann, von den Bodenschätzen bis zum Vermögen. «Er ist ein Mann mit Ressourcen», so stand es in einem Magazin. Ich dachte beim Lesen, der Typ verfüge über Rohstoffe oder Geldmittel. So ist das Wort ja bei uns eingeführt. Aber dann wurde mir klar, dass er wohl im Englischen «a man of resource» genannt wird, was so viel bedeutet wie «einfallsreich, gewitzt».

Man entsinnt sich ja noch der Zeiten, als man «eine Frau von Format» sagte. Gewiss, Fotos oder Zeitungen hatten in jedem Fall ein *Format*, nämlich eine Blattgröße. Dabei meinte «Format» immer ein Ausmaß. Im Englischen nicht, da ist es jegliche Gestaltung («the format of the funeral service»). Bald wurde auch auf dem Computer alles formatiert (hat man ja noch verstanden). Die Art, wie ein Musikstück veröffentlicht wurde (CD oder Kassette), nannte man bald ebenfalls *Format*. Meinetwegen.

Nun *ist* sogar jede Fernsehsendung ein «Format». Als käme es mehr auf die Formatierung an als auf den Inhalt. («Dieses Format soll künftig aus der Prime time verschwinden.») Und wir lernen: Seit die Sendungen kein Format mehr haben, *heißen* sie wenigstens so.

Von der Kompetenz zur Exzellenz

Die Airbus-Verwaltung führte vor einigen Jahren so genannte «Kompetenzzentren» ein. Und man ahnt, es sollte um außerordentliche Fähigkeiten gehen. Das stimmt, wenn man der deutschen Bedeutung von *Kompetenz* folgt. Im Deutschen gilt ein maßgeblicher Fachmann als kompetent, ebenso im Französischen. In beiden Sprachen ist Kompetenz (compétence): die Sachkenntnis, die Urteilsfähigkeit und Zuständigkeit. Im deutsch-französischen Unternehmen Airbus war man sich also einig.

Dann wurde die Geschäftssprache dort Englisch. Und leider, leider, in dieser Sprache bezeichnet «competence» einfach eine «Fähigkeit». Ganz neutral, sie kann groß oder klein sein. Wer zum Beispiel Lesekompetenz zeigt, *erfüllt* die Norm, er kann lesen. Im Deutschen wird ein kompetenter Mensch hingegen die Norm eher *überbieten*. Er ragt irgendwie hervor. In einem englischsprachigen Unternehmen würde man keine Kompetenzzentren einrichten.

Sollte Airbus heute Zentren für das Besondere wollen, würde man sie, vermute ich, «Exzellenzzentren» nennen; *Exzellenz*, das Wort ist (in dieser Bedeutung) bei uns neu und kommt natürlich aus Amerika. Unternehmen brennen heute darauf, ihre Exzellenz zu zeigen (Universitäten ebenso), also ihre herausragendes Können, ihre Brillanz. «Exzellenz», das war bei uns früher der Titel für Minister oder hohe Beamte, auch für Botschafter. Man sprach von «Seiner Exzellenz».

Im Englischen gibt es dafür zwei Wörter, der Titel für hohe Herren lautet «excellency»; die Vorzüglichkeit aber ist die «excellence». Wir haben leider nur die eine Wortform. Ein «Exzellenzzentrum» würde man im Deutschen dennoch nicht mit dem Auswärtigen Amt verwechseln. Heute gelten in der Wirtschaft die Worte «Seine Exzellenz ist ungewöhnlich ...», als hohes Lob. Sagte man vor Zeiten dasselbe, so konnte es bedeuten: «Der Herr Botschafter ist etwas sonderbar ...»

Viele unserer Wörter haben also unter dem Einfluss des Amerikanischen ihre Bedeutung etwas gewandelt. Manche sind abgestiegen. Betrachten wir zunächst ein paar dieser Verlierer: Das Wort *Firmenphilosophie* sagt schon alles (armer Sokrates!). Auch eine *Strategie* hat jetzt jeder Manager. Früher war eine *Information* etwas Besonderes für den wohl informierten Zeitgenossen, doch längst ist jegliche Auskunft und Mitteilung eine Information. Jene *Kommunikation*, die es schon zu Goethes Zeiten bei uns gab, war die gesprächsweise Verständigung. «Wir bitten um nähere Communication dieses Gegenstandes», das hieß, es gab noch Gesprächsbedarf. Nun ist es jede Mitteilung («Das entnehme ich einer Kommunikation des Unternehmens») und nähert sich dem Allerweltswort *Information*.

Doch andere Begriffe sind aufgestiegen. Zu diesen Siegern gehört die *Technik*, die zur Methode wurde («sie hat in der Germanistik eine neue Technik eingeführt»), ebenso das *Papier*, das jetzt eine hochgelehrte Studie sein kann. Auch das *Konzept* entwickelte sich von der Skizze auf Konzeptpapier zum überzeugenden Entwurf.

Mein Konzept steht!

Wie es sich anfühlt

Diese Familienfreundin hat schon zu viele Soap operas in schlechter Übersetzung erlebt. Als wir uns begrüßen, muss ich ihr gestehen, dass mir gerade einiges misslungen ist. «Ich weiß, wie sich das anfühlt (how it feels)», sagt sie mitfühlend.

Nun soll ich davon erzählen. Und sie, mit innigem Blick, ganz amerikanisch: «Was macht das mit dir (what does this do to you)?» Klingt wie eine Standardfrage aus der Psychologie, ich kann daher nur schlecht antworten. Sie hilft mir ein: «Ich glaube zu wissen, was es bedeutet (what it means), sich wie ein Verlierer zu fühlen (to feel like a loser).» Ihre Anteilnahme tut gut, und ich freue mich auch, dass sie «bedeutet» gesagt hat und nicht «was es *meint*». Früher sagte man übrigens: «Ich weiß, was es *heißt* …»

«Ja, der Beruf!», sage ich. «Du zahlst einen hohen Preis», meint sie verständnisvoll, «und – haben sie dich gegrillt?» Nun ja, was soll ich sagen. Sie weiß, wie das in den Soaps läuft: «Ich fühle, du solltest einen Doktor sehen. Richtig?» Auf amerikanisch «fühlt» man manches, was man bei uns «meint» oder «glaubt». Den Vorschlag muss ich leider ablehnen, kein Doktor.

«O, mein Gott!», ruft sie daher empört aus, genau im Singsang aller amerikanischen Hausfrauen aus den Vorstädten mit ihrem: Oh my god! In alten Zeiten hatten wir ja im Deutschen zur Auswahl «Mein Gott!» oder «O, Gott!». Doch die Amerikaner sind nun einmal die Kombination aus beidem gewohnt. Und das müssen die deutschen Synchronsprecherinnen so übernehmen, sonst stimmt die Silbenzahl nicht mehr mit den Lippenbewegungen überein. Seitdem heißt das auch bei uns dreigliedrig: «O, mein Gott!»

Um mich zu bestärken, sagt sie nun: «Du musst dich nicht mehr beweisen (you don't have to prove yourself anymore)!» Ich murmele, doch, ich hätte das durchaus nötig. «Aber das ist nicht die Realität!», höre ich. Und ich denke, einst sagte man wohl: «Das entspricht nicht der Wirklichkeit». Vorbei.

Diesmal kommentiere *ich* das auf Amerikanisch: «Klingt gut (sounds good)». Sie erzählt mir, dass sie neuerdings gerne fotografiert und damit in die Öffentlichkeit geht. «Sie machen es heute so leicht (they make it easy), Fotos ins Netz zu stellen», schwärmt sie und versichert mir: «Ich möchte sie mit meinen Freunden teilen.» Ja, gewiss, man soll alles mit seinen Freunden teilen, aber «teilt» man Fotos, indem man sie einfach nur zugänglich macht? Im Amerikanischen durchaus: Share your pictures! *Teilen* kann man seitdem auch bei uns Erinnerungen, Gefühle und Gedanken – indem man sie mitteilt. (Bislang konnte man das nur auf umgekehrtem Weg, indem man Anteil nahm: Ich teile deine Gefühle.)

«Alle können», sagt sie, «die Bilder dort sehen. Wir sprechen von (we are talking about) der Hälfte der Menschheit!» Neuerdings heißt das auch bei uns so, wo wir bislang «es *geht* um die Hälfte der

Menschheit» sagten. Ob mit den Bildern da etwas passieren kann, will ich wissen. «Ich wähle eine Plattform», entgegnet sie, «da bin ich auf der sicheren Seite (on the safe side).» Nun lacht sie und schüttelt den Kopf: «Amateurin wird öffentlich (amateur goes public) oder Künstlerin trifft ihre Fans (meets her fans), nein, das ist nicht mein Ding (isn't my thing), nicht wirklich (not really).»

Offenbar habe ich endlich entspannt gestrahlt. «Nimm's leicht (take it easy)», ermuntert sie mich trotzdem noch. Zwar wird sie mich jetzt stehen lassen, tut es aber nicht ohne eine abschließende Phrase, die nach viel klingt, aber wenig bedeutet: «Pass gut auf dich auf (take care of yourself)!»

Eine Floskel nur, obwohl sie wie ein säkularer Segensspruch klingt. So murmele ich ebenfalls etwas Nichtssagendes: «Mach's auch gut.»

Finden Sie es heraus!

«Was *genau* suchen Sie?» So wird man heute gefragt. Geändert hat sich nur die Wortstellung. Früher sagte man: «Was suchen Sie genau?» Mir scheint, wir folgen beim Voranstellen des «genau» der englischen Wortstellung: What exactly are you looking for? Das genau ist der Unterschied. Eine unschädliche Veränderung, gewiss. Aber es kann heikel werden.

«Wie genau werden die Gene aktiviert?» fragte eine Wissenschafts-Journalistin. Sie meinte nicht etwa, mit welchem Grad an Genauigkeit diese Aktivierung vor sich gehe. Man könnte es aber so verstehen. Ungefähr so wie in dem alltäglichen Satz: «Wie genau kennst du dich hier aus?» Und daher fände ich es eindeutiger so: «Wie werden die Gene genau aktiviert?» (Ich sehe schon, mancher wird das nicht besser finden.)

Verwundert aber war ich, als ich von einem Unfallforscher las, der die Frage gestellt hatte: «Wie genau war die Flugbahn des ange-fahrenen Fußgängers?» Da habe ich zuerst gedacht, er wolle wissen, wie präzise der arme Fußgänger die Flugbahn eingehalten habe, als er durch die Luft geschleudert wurde. Die entsprechende englische For-mulierung ist ziemlich eindeutig: «How, precisely, was the trajectory?» Der Grund der Eindeutigkeit ist, dass die Engländer zwischen Adjektiv («precise») und Adverb («precisely») unterscheiden.

Dem Unfallforscher könnte ich zurufen: «Finden Sie es heraus!» Denn ich möchte jetzt auf das Verb «*herausfinden*» zu sprechen kommen, das ebenfalls stark vom Amerikanischen beeinflusst worden ist. Es ist zwar ein altes deutsches Wort, wurde früher aber recht wenig benutzt. Da sagte man: herausbekommen, herauskriegen, heraussuchen, klären, entdecken, erfahren … und manches andere. Das einst seltene Verb ist aber nach amerikanischem Vorbild zum üblichen geworden, wenn es ums Entdecken geht. (Doch, das habe ich herausgefunden.)

Lange war die erste Bedeutung von «herausfinden» die wörtliche, also im Sinne von: aus einem Labyrinth oder aus einem Chaos herausfinden. Alte Wörterbücher verzeichnen zuerst diesen Sinn. Und er hat sich erhalten: Als in den neunziger Jahren der Trend aufkam, in Deutschland mit englischen Slogans zu werben, kam die Drogeriekette Douglas auf die Idee, ihre Kunden mit dem Spruch zu locken: «Come in and find out.» Eine späte Überprüfung ergab, dass die meisten Deutschen den Werbetext so verstanden: «Komm herein und finde wieder aus dem Laden heraus.»

Nein, der Kunde sollte *entdecken*, was es alles Tolles bei Douglas gibt! Aber wer versteht das schon. Der Werbegag wurde abgesetzt; so wie mancher andere zu der Zeit auch, etwa Burger Kings «Have it your way» oder «Impossible is nothing», mit dem sich Adidas (nach dem Vorbild von Toyotas: Nichts ist unmöglich) versucht hatte.

Es gibt das Bonmot (das auch Größen wie Picasso nachgesagt wird): «Ich suche nicht, ich finde!» Ein stolzes Wort. Ja, warum sprechen wir im Deutschen meist von Suchen, wo wir auch von Finden reden könnten. Während unsereiner ausruft «Such danach!», sagen sie gleich «Find it». Nun gehören wir auch ein wenig zu den Findern, wenn wir es neuerdings lieben, nicht zu suchen, sondern etwas herauszufinden.

Dennoch darf man die Angelsachsen ein wenig beneiden. Auch der «Sucher», den man am Fotoapparat hat, heißt bei ihnen, mit wunderbarem Optimismus, «finder».

Der smarte Barkeeper

Als die Sängerin Britney Spears in eine seelische Krise geraten war, sagte ihr früherer Freund Justin Timberlake: «Ich denke, man sollte jemanden wie sie nie abschreiben, sie ist sehr *clever*.» So stand es jedenfalls in der Klatschspalte. Wahrscheinlich hatte er auch wirklich gesagt «she is very clever», aber dieses Adjektiv hätte man im Deutschen übersetzen müssen mit: «Sie ist sehr gescheit»; auch klug, intelligent, vernünftig hätte es heißen können. Nur nicht: clever.

Denn bei uns hat *clever* den Beigeschmack von «gerissen» oder «raffiniert». Im Englischen bedeutet das Wort zwar so mancherlei, doch meist Gutes: «gewandt, geschickt», eben auch «klug» sogar «geistreich, gutartig, freundlich». Und – das muss ich zugeben – auch «gerissen». Aber offenbar kann man in England und den USA mit der Fülle der Schattierungen umgehen und versteht das Wort, wenn ein Ex-Freund etwas Nettes sagen will, richtig: Sie ist vernünftig und klug.

Das ziemlich genaue Gegenstück zu «clever» ist *smart*. Es hat im Englischen ähnlich viele Bedeutungen wie «clever», aber bei uns heißt «er ist smart» nicht immer Gutes. Es kann durchaus ein Lob sein, doch man verwendet das Wort für einen Menschen manchmal auch ironisch und meint: allzu tüchtig. Ein Lob ist es bestimmt bei Kleidung, wo es so viel wie «modisch» und «hip» bedeutet. Im Englischen ist die Bandbreite größer, und man weiß dort, was das entsprechende Verb «smart» bedeutet, nämlich: schmerzen, weh tun oder leiden. Diese strenge Bedeutung hört man beim Adjektiv mit. Daher kann «smart» auch «beißend scharf» heißen, «heftig» und «derb». Allerdings bedeutet es auch: frisch, munter, witzig und tüchtig.

Mir scheint daher, bei der Übernahme ins Deutsche wurde besonders «clever», aber ein wenig auch «smart» herabgestuft.

Noch eigenwilliger haben wir andere englische Wörter neu bestimmt, indem wir sie nämlich gleich selbst erfunden haben. In früheren Jahrzehnten war der *Smoking* das bekannteste Beispiel für deutsche Erfindung (englisch: dinner jacket), heute ist es das *Handy* (mobile in England, cell oder cell phone in den USA). Aber wir waren noch weit erfindungsreicher.

Den unsterblichen Schlager nennen wir *Evergreen*, das wäre aber eine Pflanze (richtig ist: Oldie). Ehrwürdige alte Autos werden *Oldtimer* genannt, das ist aber der Name für einen Veteran; schöne alte Autos heißen vintage car (oder old car). Unsere *Musikbox* wäre eine Spieldose (music box), in Wirklichkeit heißt sie jukebox. Und unsere *Boxen* (in der Bedeutung: Lautsprecher) sind in Wahrheit speaker oder loudspeaker. Denn die *box* ist eine Schachtel und manches andere – aber kein Lautsprecher.

Sogar den *Beamer* haben wir erfunden, denn das damit bezeichnete Gerät wäre auf Englisch ein «PC projector» (oder ähnliches). Hingegen ist dieser von uns so schön erdachte Beamer in den USA (unter anderem) der Kosename für einen BMW. Unser Verb *mobben* klingt genauso echt englisch, dort heißt diese üble Sitte aber «to bully», während «to mob» nur bedeutet: umringen, umlagern (was der Mob eben so tut). Nun ja, «mobben», auch nicht ganz schlecht erfunden.

Die Innenstadt nennen wir die *City*, das wäre aber ausschließlich die Großstadt, während die Innenstadt «inner city» heißt; oder in den USA «downtown», auch »center» und in England «centre».

Man sollte ebenfalls einen *Barkeeper* so nicht anreden, wenn man im Ausland ist, denn das ist der «bartender». Unser *Showmaster* ist dort der «host» oder «show host». Und wenn Sie einen jungen Mann mal einen *«call boy»* genannt hören, sollten Sie sich nicht unbedingt etwas Schlimmes denken. Das war mal ein Schiffsjunge oder Hotelboy und kann noch heute am Theater derjenige sein, der die Schauspieler zu ihrem Auftritt auf die Bühne ruft.

V – Es gibt Wichtigeres

Schachern und Mauscheln

Juden *schachern*, so lautet das antisemitische Vorurteil. Dennoch wird das Wort heute scheinbar harmlos verwendet. Der ‹Spiegel› berichtete zu Beginn des Jahres 2006 über «das politische Geschacher um frei werdende Richterstellen». Wenig später handelte anlässlich der Fußballweltmeisterschaft ein Artikel vom «Geschacher um die Götter» dieses Sports. Zufällig stand im gleichen Heft etwas über die jüdische Gemeinde zu Berlin, die ihre Streitigkeiten nur intern austragen wolle, «aus Angst, antisemitische Ressentiments gegen die angeblich ewig um Geld schachernden Juden zu bestärken».

Ein unwürdiger Handel wird also heute «Schachern» genannt, aber ich halte das für ganz unpassend, und es erstaunt mich, wenn ein Qualitätsblatt so unbedenklich vom Schachern schreibt. Das Wort stammt aus dem Rotwelschen, der Gaunersprache, in die viele jiddische Ausdrücke eingegangen sind. Es bedeutet allgemein «Handel treiben». Weil es in der Lutherbibel auch den fast gleichlautenden «Schächer am Kreuz» gibt, wurde «schachern» doppelt mit den Juden in Verbindung gebracht. Der Schächer aber hat mit Schachern nichts zu tun, er stammt von einem alten deutschen Wort ab und bedeutet Räuber.

Denen, die vom «Schachern» schreiben, kann man nur zugutehalten, dass sie den deutschen Antisemitismus und das Dritte Reich nicht genügend kennen. Das ging offenbar auch anderen so.

Studenten begannen 1967, Universitätsgremien bei Sitzungen zu stören. Man war gegen geheime Zirkel und deren «Gemauschel». Man wollte Öffentlichkeit. Wer damals auf die Idee gekommen ist, das alte Wort *mauscheln* in neuem Sinn zu verwenden, wird wohl unbekannt bleiben. Zu vermuten ist, dass es gewählt wurde wegen seiner Anklänge an «Machenschaften» und «Tuscheln». Das Wort kann auch erinnert haben an «manipulieren» und «kungeln», «tauschen» und «munkeln» (im Geheimen reden). Worte, gerade fremde Worte, werden ja häufig gewählt nach den Assoziationen, die ihr Klang hervorruft.

Sicherlich wusste der Erfinder, der sich als so überaus erfolgreich erweisen sollte, nicht, was für ein Wort er da zum Schlachtruf machte. Noch heute nennt man heimliche Absprachen Mauscheleien. Ein modernes Wörterbuch gibt als Sinn von Mauscheln schließlich auch noch «undeutlich sprechen» an, womit klar wäre, dass es auch an die Stelle von Nuscheln treten kann. Es soll, liest man dort, heute auch bedeuten: Gerüchte verbreiten und beim Kartenspiel betrügen.

Vier Jahrhunderte lang jedoch, bis mit dem Ende des Nazireichs auch die antijüdische Tradition abbrach (um in anderen Formen neu zu entbrennen), nannte man «Mauscheln» die Art, wie einige Juden redeten, die Deutsch mit dem gewohnten Jiddischen vermengten. Es ist abgeleitet von dem Spottnamen «Mausche» (oder Mauschel), mit dem man Handelsjuden bezeichnete. Und dieses Wort geht wiederum auf den Namen Mose zurück.

In der Blütezeit der deutsch-jüdischen Kultur haben gerade auch viele gebildete Juden Anstoß genommen am «Gemauschel» der anderen; man hat sich oft für seinesgleichen geniert. Dennoch ist es ein antijüdisches Schimpfwort. Keine Heldentat, denke ich, dass es gedankenlos aufgegriffen wurde und im Land der Täter eine solche Karriere machen konnte.

Nun allerdings bin ich im Zwiespalt: Soll man denn als jemand, der die Zusammenhänge kennt, überhaupt darauf hinweisen, dass ursprünglich Juden gemauschelt haben? Denn, stellt man es so dar, dann wird eines der immer noch abfälligsten Worte des Deutschen erneut mit den Juden in Verbindung gebracht. Das kann man eigentlich nicht wünschen.

Das Gleiche gilt vom anderen Wort, dem Schachern, das nicht weniger unangenehm ist. Vielleicht sollte man den Bodensatz der Geschichte gar nicht aufrühren. Immerhin ist mir die Kombination «schachern und mauscheln» noch nicht begegnet, das lässt mich hoffen. Vielleicht ahnen die heutigen Deutschen ja wirklich nicht – auch unbewusst nicht –, welche Wörter sie da aufgegriffen haben.

Jehova und die Pharisäer

Der Mann aus dem Vorstand der Synagogengemeinde wirkt locker. «Was mich am heutigen Deutsch stört?», wiederholt er meine Frage und antwortet: «Nicht viel.» Ich will es aber genau wissen. Und er nennt zögernd die Angewohnheit, gerade der Protestanten, von Gott als «Jahwe» zu sprechen. «Wir nennen Gott nicht beim Namen, denn das soll man nicht tun. Wir sagen stattdessen ‹der Herr›, was auch bei Christen üblich ist.»

Ja, auch in den Bibelübersetzungen der christlichen Kirchen wird der Name Gottes nicht genannt, nur unter Theologen ist «Jahwe» üblich geworden. Das klingt immer etwas wie Fachsprache zum Angeben. «Schade», sagt mein Gegenüber. Noch schlimmer sei nur «Jehova», weil Gott nie so genannt wurde. «Ein Lesefehler unfähiger Theologen, der schon um 1830 erkannt und korrigiert wurde, aber denken Sie nur an die vielen Zeugen Jehovas. Nicht zu tilgen. Schrecklich.»

Ich nehme mir vor, Gott nicht mehr unnötig bei seinem Namen zu nennen, und will wissen, was einen Juden außerdem noch stören kann. «Mischpoche», sagt er nachdenklich, «oder Mischpoke. In jedem Fall ist das unser Wort für die Familie. Zugleich ein altes Schimpfwort unter Christen. Könnte man unterlassen.» Von der Redewendung «bis zur Vergasung» wolle er gar nicht viel reden. Sei schon ziemlich vorbei damit. Ja, er wisse auch, dass man das schon vor 1933 gesagt habe, um einen Überdruss anzudeuten, der gleichsam zum Übergang in einen gasförmigen Zustand führe.

Er hat aber noch etwas auf dem Herzen. «Pharisäer», sagt er schließlich, «das waren nämlich fromme und ehrenwerte Menschen. In den Evangelien werden sie verzeichnet, das klingt leicht polemisch. Seitdem ist das Wort ein Synonym für Scheinheiligkeit. Aber wir heutigen Juden, soweit wir überhaupt glauben, führen uns alle auf die Pharisäer zurück. Und das waren aufrichtige Männer, allenfalls etwas übereifrig oder übergenau.»

Ich spüre schon wieder meine guten Vorsätze und frage: «Was noch?» Ihm fällt nichts mehr ein. «Das geht ja hier zu wie in der Judenschule!», zitiere ich eine alte Redewendung. Aber mein liberaler Jude hat nichts dagegen. «In unseren Schulen ging es schon immer weniger preußisch als kreativ zu, oft chaotisch. Judenschule – eher ein Ehrenname.»

Was er von Wilhelm Busch halte? Der habe doch böse Verse geschrieben, sei aber bei den Deutschen überaus beliebt. «Und der Jud mit krummer Ferse», zitiert der Synagogenvorsteher prompt und sicher, als sei es sein Lieblingsgedicht, «krummer Nas und krummer Hos, schlängelt sich zur hohen Börse, tief verderbt und seelenlos.» Nun bin ich wirklich gespannt. «Schlimm», sage ich vorsichtig. «Das steht in der Frommen Helene», entgegnet der kluge Mann, «was haben Sie denn erwartet? Sollte darin ausgerechnet ein Jude besser wegkommen als all die anderen tragisch-komischen Figuren?»

«In ‹Plisch und Plum› aber», sage ich, «kommt der Jude Schievelbeiner vor, der leider außerdem recht krass abgebildet ist.» Um der Sache Nachdruck zu verleihen, zitiere ich: «Augen schwarz und Seele grau, Hut nach hinten, Miene schlau. Das ist Schmulchen Schievelbeiner.» Mein Gegenüber schmunzelt. «Das fanden Juden immer schon witzig. Und bedenken Sie, auf die Worte, die Sie gerade zitiert haben, folgt noch das Entscheidende.» Gut, ich weiß, da kommt noch etwas, was einigen Charme haben könnte, und zitiere auch diese Worte: «Schöner ist doch unsereiner!»

«Eben», ruft mein Jude nun aus, lebhafter als je, «Buschs wunderbare Selbstironie: Schöner ist doch unsereiner!»

Israeli mit deutschem Pass
Gerade ein gutwilliger und nachdenklicher Deutscher hat leicht das Gefühl, man könne viel falsch machen im Umgang mit Juden. Stimmt! Schon dieser erste Satz enthält gleich einen Fehler, wenigstens latent. Noch deutlicher tritt er auf, wenn man über irgendeine Konferenz hört oder liest, sie diene der Verständigung «von Juden und Deutschen». Diese Entgegensetzung von deutschen Juden und «den Deutschen» wird zu recht von dieser Minderheit als Kränkung empfunden.

Man spricht ja auch nicht von «Katholiken und Deutschen», nicht einmal von «Bayern und Deutschen», obwohl das noch einen Hauch von Sinn ergeben könnte. Selbst im tiefsten kalten Krieg hätte niemand von «den DDR-Bewohnern und den Deutschen» gesprochen. Aber von Juden und Deutschen gern – und ausgerechnet sagen das viele Gutwillige.

Hätte ich eben von «deutschen Juden» schreiben sollen? Nein, besser gewesen wäre wohl «jüdischen Deutschen». Das Unwichtige ins Adjektiv! Denn Deutsche sind sie ja alle, die da am Konferenztisch sitzen – oder wo immer sie sich begegnen. Aber es gibt noch Steigerungen. «Jüdischer Russe mit deutschem Pass», das ist schlimmer. Allerdings leiden nicht nur Juden unter dieser diskriminierenden Bezeichnung. Wer hier nicht geboren wurde, gilt den meisten nicht als Deutscher. «Syrer mit deutschem Pass», weiter kann es auch derjenige nicht bringen, der hier seit vierzig Jahren lebt und sich Verdienste erworben hat. Deutscher wird der nie. Er hat nur einen deutschen Pass. Das kann man nicht billigen.

Unvergessen ist die Empörung des wohl bekanntesten Vertreters der jüdischen Deutschen, Ignaz Bubis, als jemand zu ihm gesagt hatte: «Ihr Staatspräsident macht einen sehr guten Eindruck!» Gemeint aber war der Staatspräsident Israels. Israel als die heimliche Heimat aller Juden!

Kaum eine Menschengruppe hat so viele Pauschalurteile zu ertragen. Gut, auch «die Franzosen» wird gern gesagt. Aber «die Juden» ist geradezu Standard. Selbst und gerade dann, wenn jemand etwas Gutes sagen will. Sie werden als Einheit gesehen und füreinander in Haft genommen, in jeder Hinsicht. «Die Juden», mit diesen zwei Worten fängt prinzipiell die Unwahrheit an.

Vielleicht ist es auch schon ein Mangel, wenn man es vermeidet, einen Menschen «einen Juden» oder «eine Jüdin» zu nennen, weil das diskriminierend sein könnte. Auch ich zögere, so zu reden, muss mir aber sagen lassen, die Bezeichnung sei in Ordnung und solle ruhig wieder üblich werden. Umschreibungen wie «aus einer jüdischen Familie» oder « jüdischer Herkunft» deuten ja an, dass man das Wort Jude doch heimlich für ein Schimpfwort hält. Oder jedenfalls fürchtet, es könnte so aufgefasst werden. Auch Juden sagen manchmal «ich bin jüdisch», was hierzulande etwas verschämt klingt. Es entspricht jedoch der amerikanischen Art, «he is British» zu sagen oder «I am Jewish». Das muss hier jedoch nicht üblich werden.

Das Wichtigste am Schluss: Leute, vermeidet es, eine bekannte Person als jüdisch zu bezeichnen! Ich weiß, eine vergebliche Bitte. Denn wir alle haben es unzählige Male schon so gemacht: «Der jüdische Autor N. N. hat jetzt ...» Warum sagt man das? Es ist nur sehr selten eine sinnvolle Information. Meist ist es eine kleine Wichtigtuerei, ein bloßes Bescheidwissen, das man zeigen will. Doch ist es eine schlechte Angewohnheit, jüdische Mitmenschen, nicht nur die öffentlich tätigen, zu verbellen. Und mancher von uns hat es auch schon nur deshalb getan, weil er meinte, die so bezeichnete Person werde damit interessanter.

Jedenfalls ist dieses Verhalten uralt. Der jüdische Schriftsteller Ludwig Börne (1786-1837) schrieb ... Nein, ich muss unterbrechen und mich rechtfertigen, denn hier war die Information «jüdisch» nicht ganz sinnlos. Also – Börne, der vor Verfolgung und Zensur nach Frankreich hatte flüchten müssen, schickte von dort «Briefe aus Paris», die hier heimlich gedruckt und unter der Hand verbreitet wurden. Kurz vor seinem Tode schrieb er:

«Tausend Mal habe ich es erfahren, und doch bleibt es mir ewig neu. Die einen werfen mir vor, dass ich ein Jude sei; die andern verzeihen es mir; der dritte lobt mich gar dafür; aber alle denken daran. Sie sind wie gebannt in diesem magischen Judenkreise, es kann keiner hinaus.»

Von der «Reichskristallnacht» zur Ermordung

Das Wort *Reichskristallnacht* ist bestechend gut erdacht – und völlig unangemessen. Man sagt deshalb heute Pogromnacht oder einfach «der 9. November 1938». Dennoch bleibt die Reichskristallnacht als Bezeichnung populär, und das Lexikon Meyer bringt die Ereignisse immer noch unter «Kristallnacht». Fehlt die Vorsilbe «Reichs-» jedoch, so fehlt dem Wort die Pointe. Dann schon lieber Reichskristallnacht.

Der Publizist und Zeitgenosse des Pogroms Dolf Sternberger hat das Wort wie kein anderer zu deuten gewusst. Es bewahre allein die Erinnerung an zerbrochene Fensterscheiben und verschweige die etwa hundert Ermordeten, die dreißigtausend Misshandelten und Verschleppten, die über siebentausend zerstörten Gotteshäuser. Deshalb sei es unangebracht. Doch hat Sternberger in der Wortschöpfung auch eine kleine Opposition entdeckt: Es widerspricht nämlich der Goebbels-Propaganda, die Ausschreitungen seien spontan erfolgt.

War es der Volksmund, der das Wort erfand? Das Verwegen-Lustige an dem Ausdruck hätte zwar zu den Bonzen gepasst, nicht aber das Wort Reich. Sternberger: «Diese Zusammensetzung hat ja auch eine höhnische Note, indem sie das Parteiamtliche und das reichseinheitlich Durchorganisierte des Vorgangs blitz- und witzhaft kenntlich macht. ‹Von wegen Volksaufstand!›, heißt das doch auch, ‹ihr könnt uns nichts erzählen, das ist ‹ne Reichssache›.»

Der Ausdruck habe «der bedrückten Seele eine gewisse Entlastung» gebracht, habe «eine Ventilfunktion nach Art des Flüsterwitzes» ausgeübt. Wer das Wort aussprach, ging jedoch kaum auf Distanz zu den Tätern. «Beinahe scheint er ja auch wiederum ein belustigtes Blinzeln mit ihnen auszutauschen. Er ist nicht aufsässig, er hält sich nur beiseite.» So folgert Sternberger, das Wort entstamme dem Volkswitz, wohl dem berlinischen. Es bleibe aber ein schnödes Wort. Denn es «bewahrt keinen Schauder, eher ein Grinsen, und das ist, der Sache nach, ganz und gar ungehörig.»

Aus Bedrängung wurde Verfolgung, aus Verfolgung Ermordung. Wir sind es gewohnt, vom *Holocaust* zu sprechen. Das Wort ist ursprünglich griechisch und muss deshalb nicht englisch ausgesprochen oder geschrieben werden (allerdings war es schon lange im Englischen üblich für eine Massenvernichtung oder Brandkatastrophe). Elie Wiesel hat es zum Fachausdruck gemacht. In der Bibel ist es der Ausdruck für das Opfer am Altar, bei dem das Tier ganz verbrannt wird. «Holokautoma» bedeutet im Griechischen wörtlich die Ganz-Verbrennung, im Lateinischen wurde das Wort zu holocaustum im Sinne von Brandopfer.

Die Alternative ist heute das Wort *Schoa*. Es stammt ebenfalls aus dem Alten Testament, der hebräischen Bibel, und bedeutet den plötzlichen Untergang, das Verderben, den Sturm der Verwüstung. (Auch dieses Wort muss man nicht englisch schreiben oder aussprechen.) Es gibt viele Menschen, auch gläubige Juden, die diesen Ausdruck bevorzugen, unter anderem deswegen, weil bei «Holocaust» immer schon eine Deutung mitschwingt; etwa die, Gott habe sein Volk geopfert oder es sei ihm geopfert worden.

Wenn wir nicht die Worte Holocaust oder Schoa wählen, sprechen wir manchmal von der *Vernichtung* der Juden oder von ihrer *Ausrottung*. Ulrich Wickert war viele Jahre Korrespondent und später Moderator der Tagesthemen gewesen, als er in einem Spiegelgespräch sagte, er habe immer, um verstanden zu werden, Fremdwörter vermeiden wollen. «Wer weiß, was Holocaust wirklich bedeutet? In der Moderation spreche ich von *Judenvernichtung*. Dieses Wort gibt das Schreckliche wieder, das geschehen ist.»

Ja, der Schrecken klingt im Wort «Vernichtung» an. Nur hat das Wort auch Nachteile. Denn «vernichtet» wird im Deutschen meist Ungeziefer, eine Bedeutung, die in diesem Fall sogar besonders penetrant mitschwingt, weil die Nazis ihre Aktion genau im Sinne einer «Vernichtung» geplant, ja, auch noch mit einem Gas betrieben haben, das zur Schädlingsbekämpfung entwickelt worden war. Überhaupt ist *Vernichtung* eine Lieblingsvorstellung der Nazis gewesen, auch wenn es um die «Vernichtung lebensunwerten Lebens» oder eines politischen Gegners ging.

Ausrottung ist eher noch schlimmer. Fehler werden ausgerottet, Missstände oder alle Arten von Unkraut.

So bleibt uns nur, von der Ermordung der Juden zu sprechen. Ein ganz und gar angemessenes Wort, wie mir scheint. Und zum Glück ist dieser Ausdruck, der kaum klarer sein könnte, auch ganz üblich. Es war Massenmord.

Willst du mich zum Wahnsinn treiben?
Man muss nicht nur die eigenen Worte wägen, auch die, die man zu hören bekommt. In mancher Diskussion tauchen unerlaubte Argu-

mente auf. Je besser man sie durchschaut, desto freundlicher kann man sie zurückweisen.

1. *Die Keule.* Ein Kind will Gitarre lernen, und die Eltern sagen: «Es gibt Wichtigeres!» Gleich wird Englischlernen vorgeschlagen oder ein Brief an die Oma. Das ist eine Keule. Denn Wichtigeres gibt es immer. Genau so scheußlich ist die Zurückweisung: «Es gibt Schlimmeres!» Auch so eine Sackgasse und ein K.-o.-Argument, weil die Feststellung natürlich zutrifft. Es gibt immer etwas Schlimmeres, zum Beispiel den Tod. Manche Menschen glauben sogar, mit diesen Worten einen Leidenden trösten zu dürfen. Doch nur zu sich selbst darf man so etwas sagen, etwa wenn man sich den Fuß gebrochen hat («Es gibt Schlimmeres!»). Dann wirkt das sogar souverän. Nicht zu beantworten braucht man auch diese Frage, mit der Kritiker abgewimmelt werden sollen: «Haben Sie keine anderen Probleme?»

2. *Konsequenzmacherei.* Manche Leute lieben es, den Standpunkt des Gesprächspartners zu übertreiben, bis er lächerlich wird. Das geht leicht, denn alles kann man ad absurdum führen, alles. «Wenn Sie das mal konsequent zu Ende denken ...», beginnen diese Leute. «Jetzt kostet der Arztbesuch zehn Euro. Bald nehmen die zwanzig, dann hundert, bis sich kaum einer noch leisten kann, krank zu sein. Das ist doch die Absicht!» Beliebt ist auch: «Wenn das jeder machen würde!» Ja, wenn jeder in die Berge fahren wollte, wär die Landschaft bald ganz ruiniert. Dennoch kein Argument.

3. *Die falsche Alternative.* Eine Ehefrau sagt: «Du wolltest doch weniger essen.» Und er antwortet: «Soll ich etwa verhungern?» Nein, das war genau nicht die Alternative. Als der Chef eines deutschen Autokonzerns im Interview aufgefordert wurde, weniger von seinen riesigen Spritfressern zu bauen, antwortete er: «Sollen wir künftig alle Trabi fahren?» Manche Leute antworten auf einen Verbesserungsvorschlag auch: «Dann können wir gleich den Laden dicht machen.» Das ist die Unterstellung, es gäbe nur diese eine Alternative. Den Trick darf man ablehnen.

4. *Das heimlich Vorausgesetzte.* Nehmen wir einen Satz, den Gewerkschaftler und Linke lieben: «Wer kämpft, *kann* verlieren. Wer nicht kämpft, *hat* schon verloren.» Der Satz schmuggelt jedoch eine

Vorgabe ein, nämlich dass man nur mit Kampf etwas erreicht, selbst mit aussichtslosem Kampf. Ähnlich ist die Unterstellung: «Man kann nicht ein bisschen dafür sein! Entweder – oder!» (Natürlich gibt es immer Abstufungen.) Religiöse Menschen unterstellen gern latent den Scheideweg: «Entweder Gott oder die Verzweiflung.» Antireligiöse Menschen transportieren oft stillschweigend die Vermutung: «Wer glaubt, hat's nötig, ich habe es nicht nötig.» Mir scheint, man kann sein Gegenüber ruhig auf das latent Vorausgesetzte ansprechen.

5. *Das Ablenkungsmanöver.* Manche helfen sich, indem sie bestreiten, was der andere gar nicht gesagt hat. «Ihren Antiamerikanismus teile ich nicht!» Das kann übel werden. «Ich bin für absolut korrektes Vorgehen.» Wer hat etwas anderes gewollt? Ablenken kann man auch gut, indem man auf unwichtigen Details herumhackt. Oder indem man mit solchen Fragen lästig fällt: «Sie sagten Solidarität. Wie definieren Sie diesen Begriff?» Nur nicht ablenken lassen!

6. *Die verdeckte Schuldzuweisung.* «Seien Sie doch nicht so sensibel!» Oder, scheinbar die Schuld auf beide verteilend: «Wir sollten uns wieder den Problemen zuwenden, deren Lösung von uns erwartet wird.» Der eigentliche Streithahn sagt auch gern: «Mir geht es hier allein um die Klärung einer Sachfrage.» Bei Konflikten in der Partnerschaft ist hingegen beliebt: «Willst du mich zum Wahnsinn treiben?» Oder, gewöhnlich von Frauen vorgebracht: «Weißt du eigentlich, was du da gerade mit mir machst?» Täterin oder Täter ist immer das Gegenüber. (Am besten alles einfach übergehen.)

7. *Die Immunisierung.* «Ich als Betroffener kann nur sagen …» Ja, was soll man da noch antworten, der Mann beansprucht Sonderstatus. «Ich habe die Erfahrung gemacht …» Und wir verstummen. Neuerdings beliebt ist auch ein «für mich», das ebenso den Schutz der Subjektivität sucht: «Für mich ist Gerhard Schröder ein Verbrecher!» Nun ja, lassen wir ihn. Aber dann geht es so weiter: «Darüber kann man wohl nicht diskutieren, das gehört zu den Dingen, wo jeder seine eigene Meinung hat und haben darf.» Schade, Ende. Damit kann man den eigenen Standpunkt immun machen, unangreifbar. In einer nur leicht aggressiven Form lautet dieser Trick so: «Wer das nicht erfahren hat, kann wohl nicht mitreden.» Und ganz gehässig: «Wer sind

Sie eigentlich, dass Sie meinen, hier einfach …» Da heißt es freundlich bleiben. Und das Feld räumen.

Oder bleiben! Denn sehr viel mehr unerlaubte Schläge und Winkelzüge gibt es nicht. Das schaffen Sie schon. Viel Erfolg beim Debattieren!

Mit Schmuckstücken zum Charaktertest

Es gibt Lieblingswörter, die uns schmücken. Zauberwörter. Zugleich hängen sie an einem (wie Kletten an der Kleidung), man führt sie immer mit sich. Sie liegen einem auf der Zunge, sie fließen mit ein – direkt aus dem Unbewussten. Und auf genau diese Gegend zielt unser kleiner Test. Wir unterscheiden fünf Typen.

1. *Vorkämpfer.* Der erste Typ sind diese Leute, die ihre Sätze gern mit «natürlich» anfangen. Sie zeigen uns, dass Widerspruch nicht nur unerwünscht, sondern «sowieso» zwecklos ist. Sowieso! Ihr häufigstes Zauberwort aber, auf das sie gar nicht verzichten können, ist «doch». Sie sagen: «Das können Sie *doch* nicht leugnen.» Oder: «Das ist *doch* wahr!» Ja, «ohne Zweifel». Man hat es «selbstverständlich» nicht leicht mit diesen robusten Sprechern. «Wirklich» nicht (noch so ein Wort wie ein Hammer). «Zweifellos!» Diese Stimmführer und Meinungsbildner wissen absolut Pflöcke einzuschlagen. Absolut! Und haben doch einen weichen Kern (hoffe ich).

2. *Abwerter.* Hat diesen Menschen schon mal jemand gesagt, dass sie gern «gewissermaßen» sagen und sogar mit den Fingern Anführungszeichen in die Luft malen? «Quasi» sagen sie, ihnen liegt ein «gleichsam» nahe oder «sozusagen». Das bedeutet, sie suchen sozusagen ihre Rettung in dem Signal: «Alles, was ich sage, ist gewissermaßen nur bildlich gemeint, nur ein Vergleich.» Doch ich finde das «irgendwie» komisch von denen! Sie sind «vergleichsweise» zögernd und «relativ» auf der Flucht vor der Eindeutigkeit. «Alles nicht so wichtig», signalisieren sie, als wollten sie halb wegwischen, was sie gerade vorbringen.

3. *Konstrukteure.* Sie lieben es, ein «also» einzuschmuggeln, gern auch «folglich» und am liebsten «insofern». Das macht sich auch am

Satzschluss gut, gibt es doch vor, ihr vorangegangener Gedanke habe einen inneren Zusammenhang gehabt. Insofern … Mit anderen Worten, sie lieben es, sich den Anschein eines rhetorisch bewährten Intellektuellen zu geben. Daher bieten sie Scheinverknüpfungen, suchen etwa mit einem logisch folgernden «dementsprechend» Struktur herbeizuzaubern – und sind dementsprechend durchschaut. Denn ihre Versatzstücke stammen aus dem Baumarkt. Von daher …

4. *Überversicherte.* Recht stark ist die Gruppe mit dem Motto «Sag ich mal so», doch ihr Auftritt ist eher schwach. Diese Mitmenschen sehen sich besorgt um, wenn sie etwas sagen wollen. «Anscheinend» bevorzugen sie, «wahrscheinlich» oder «sicherlich». Auch «meines Erachtens» wird von diesen vorsichtigen Leuten geschätzt, was sie als höflich und bescheiden kennzeichnet. Überbracht wird eine stumme Botschaft, und die kann man so deuten: «Ich habe mich geschützt!» Es ist gut, meine Lieben! Wir überreichen euch einen Trostpreis für edlen Charakter. Zurückhaltend und sorgfältig – so seid ihr (wahrscheinlich… anscheinend… sicherlich… sag ich mal so…). Und engagiert in allen Haftpflichtversicherungen.

5. *Umarmer.* Es sind ebenfalls freundliche Mitmenschen, die gern ein «Ja» hören lassen, weil wir ja alle ihrer Meinung sind (oder sein sollten). Sie weiten ihre Aussage oft ins Allgemeine und fangen uns ein mit ihrem «im Wesentlichen» oder «im Grunde genommen». Denn sie wollen uns anderen sagen: «Alles in allem und letzten Endes läuft es doch darauf hinaus, dass ich recht habe und wir uns einig sind!». Ja, ja, jedenfalls grundsätzlich! «Im Endeffekt», «letztlich», «mehr oder weniger», «praktisch» … Sie lieben das Allgemeingültige und alles, was uns anderen den Widerspruch schwer macht (und machen soll). Sie wollen uns – schlussendlich – vereinnahmen.

Das sind also meine fünf wichtigsten Typen. Jedenfalls … «Jedenfalls»? Auch mit diesem kräftigen Wörtlein sollte ich von nun an keinen Satz mehr beginnen, spüre ich doch, wie ich damit sofort in die erste Gruppe der Schlachtrösser und Vorkämpfer einsortiert werde. Dahin gehöre ich aber «ganz und gar nicht» (o weh, schon wieder so ein harter Brocken). So versuche ich einen Abgang der sanften Art und sage: Wir sind uns ja einig.

Es gibt keine Kapitalistinnen

«Meine lieben Leserinnen und Leser!» Ja, ich weiß, jetzt lächelt so manch gesetzter Herr über eine Unsitte wie «Bürgerinnen und Bürger!» So einer ruft mir jetzt zu: «Angestelltinnen und Angestellte!» Da amüsiert er sich. Aber ich finde es, sorry, meine Herren, dennoch meist richtig, zwei Formen zu verwenden. Die Debatte ist eröffnet. Aber ich beschränke mich auf drei meiner Gesprächspartner.

Wenn Männer über Frauensorgen sprechen, zum Beispiel über deren Benachteiligung in der Sprache, haben sie, ganz intern und unter sich, eine Lösung parat – wie Männer es sich immer zutrauen. Von drei Erfahrungen also kann ich berichten.

Zuerst der Linguist. Die Sprachgeschichte kennt er gut. Und gab mir dies zu Bedenken: Ein Wort wie «der Häftling» sei als geschlechtsneutral zu verstehen, es gebe ja nicht «die Häftling». Genauso gebe es nur «die» Geisel. Männer könnten dann ja auch verlangen, dass für männliche Verschleppte endlich auch «der Geisel» gesagt werde. Und nenne man nicht auch, fügte er hinzu, einen familiär vereinsamten Knaben «die Waise»? Dieses «die» für Männer kränkte meinen Fachmann (wie es Frauen bedrückt, in den Sprachformen übergangen zu werden). «Der Waise!», rief er, als wär' ihm diese Form gerade recht und als wollte er sie ausprobieren.

Auch das ewige «die Person» war diesem Mann anstößig. Da haben wir ihn – den unterdrückten Mann im Selbstmitleid. Doch einen Trost hatte er, nicht für sich, sondern für die Frauen: «Andere Sprachen sind viel schlimmer als das Deutsche», redete er zum Guten, «schon wenn sie den Mann mit dem Menschen gleichsetzen, wie es das Englische und die romanischen Sprachen tun.» Ich nickte stumm. Männer unter sich.

Ein Germanistikprofessor, mein nächster Einflüsterer, beharrte, wie manche Männer es tun, darauf, die Doppelformen («Lehrerinnen und Lehrer!») seien Unsinn. Ein Begriff wie «Lehrer» schließe die weibliche Form, hier also die Lehrerin, meist ein. «Die Lehrer verdienen zu wenig», das müsse reichen. Die Sprache wolle es nun einmal so, dass – geschichtlich sei es so gewachsen – die allgemeine Bezeichnung zugleich das Wort für die männliche Variante ist. Die Sprache müsse entscheiden, sie könne es nur ungerecht tun, doch so habe sie es nun einmal festgelegt.

Dieser Fachmann hatte jedoch für Frauen ebenfalls einen Trost. Er wollte mich und die Feministinnen wenigstens darauf aufmerksam machen, dass im Deutschen alle weiblichen Substantive *stark* gebeugt werden. Der Genitiv von «Frau» ist unveränderlich: der «Frau». Der Genitiv von «Mann» lautet schwach: des «Mannes». Er sah mich an: «Wer also ist», fragte er triumphierend, «das schwache und wer das starke Geschlecht?»

Zitieren wir gleich meinen dritten Ratgeber. Er ist nicht eigentlich Fachmann, aber als Manager durchaus gewohnt, Lösungen vorzulegen. Amüsiert wies er mich darauf hin, dass bislang weibliche Nebenformen noch nicht für *alle* Berufe und Gruppen verlangt worden seien. Ich stutzte.

«Die Schurken sind männlich», sagte er, «alle Bösen sind Männer. Darum gibt es auch keine Kapitalistinnen, keine Einbrecherinnen, Abzockerinnen oder Börsenmaklerinnen.» Nicht einmal «Freiberuflerinnen». Auch der «Arbeitgeberverband» sei bislang nicht zu einer halbwegs weiblichen Form gedrängt worden. «Dazu ist er in der Öffentlichkeit viel zu unbeliebt», spottete mein Ratgeber. Er hatte wohl recht.

Und ich konnte ihm beipflichten: In einer neuen Bibelübersetzung, die den alten Text «in gerechter Sprache» bieten will, findet sich Ähnliches. Diese Bibelausgabe ist feministisch, und darin kommen sogar, was ganz unhistorisch ist, «Zöllnerinnen» vor. (Die gab es im Römischen Reich nicht.) Aber die Pointe ist: Nur ein einziges Wesen wird ausschließlich männlich benannt, der Teufel. – Mein Manager klatschte begeistert in die Hände.

Trotz meiner drei Ratgeber glaube ich: Es kann nur darauf ankommen, sich – vor allem als Mann – den Umstand nicht schön zu reden, dass die Sprache die Männer bevorzugt. Zur Abhilfe sollte man(n) wenigstens im Einzelnen versuchen, phantasiebegabt und taktvoll zu sein. Denn eine glatte Lösung dafür, wie man die Hälfte der Menschheit in der Sprache zur Geltung bringt, gibt es wohl nicht.

Ein Wochenmagazin druckte einmal einen sprachlichen Irrtum, der mir wie ein netter Vorschlag zur Güte schien. Es ging um ein Jazzkonzert: «Ohne despektierlich zu sein, darf man vielleicht sagen», stand da, «Gospelsängerinnen beiderlei Geschlechts neigen zur Körperfülle.»

Eine Kopfbedeckung für den Klangkörper

Zur Ausstattung jeder deutschen Rundfunkanstalt gehörten lange: ein Sinfonieorchester, ein Chor, ein Tanzorchester. Irgendwann, es muss vor Jahrzehnten gewesen sein, entstand das Bedürfnis, diese drei musikalischen Ensembles in einem einzigen Wort zusammenzufassen. Prompt kam ein findiger Kopf auf «Klangkörper». So spricht man bis heute in Rundfunkkreisen. Ein Orchester als Klangkörper.

Ich weiß noch, wann ich das Wort zum ersten Mal gehört habe, es kam mir wie ein Witz vor. Ich musste an einen Heizkörper denken, der ja auch schon eine erstaunliche Erfindung ist. Doch immerhin ist ja so eine Rundfunkanstalt selbst eine Körperschaft des öffentlichen Rechts, gleichsam eine Klangkörperschaft.

Man kann solche zusammenfassenden Begriffe «Dachwörter» nennen. Sie zu bilden besteht offenbar ein starkes Bedürfnis. Wer mag die «Kopfbedeckung» erfunden haben? Ein Dachwort für Hut, Mütze und (allenfalls) das Kopftuch. Brauchen kann man das Wort fast nie, denn wer würde schon sagen «er nahm seine Kopfbedeckung ab»? Aber jeder kennt das Wort, denn manchmal, zum Beispiel vor Gericht, ist das Tragen einer Kopfbedeckung unzulässig.

Seit Jahren sammle ich diese Ausdrücke – mit einer Art Hassliebe. Zu meinen Lieblingen unter den Scheußlichkeiten gehört «zwecks gemeinsamer Freizeitgestaltung», was früher in Bekanntschaftsanzeigen stand. Wie viel anschaulicher klänge «für Theater, Konzert und Reisen». Ein Prachtstück meiner Sammlung ist auch die Mehrzweckhalle. Man sieht das Monstrum aus Waschbeton doch gleich vor sich und möchte nicht hineingehen. Schon das Wort schreckt.

Sie kennen das, und zumindest halb bewusst war Ihnen das auch unangenehm. Doch! In Bistros wird manchmal Frühstück zum Pau-

schalpreis angepriesen mit den Worten: «… und 1 Heißgetränk».
Heißgetränk! Als wäre die Hitze daran das einzig Erwähnenswerte.
Schon das Wort schmeckt dünn und bitter. Dabei scheint mir «Kaffee,
Tee oder Kakao» kaum länger zu sein.

Wird aus einer Diktatur berichtet, so gibt es auch verharmlosende
Dachwörter. «Es soll zu zahlreichen Menschenrechtsverletzungen gekommen sein.» Man schriebe wohl besser von «nächtlichen Verhaf-
tungen, Folter und staatlichem Mord». Dann folgt noch das Wort
«Sicherheitskräfte». Es verschleiert die Zusammenarbeit von Ge-
heimdienst, Militär und Polizei, die in Demokratien verboten ist. Und
klingt viel zu gut. «Schreckenskräfte» wäre deutlicher.

Doch gibt es auch brauchbare Dachwörter, das muss man zugeben.
«Mitwirkende» ist gut gelungen, «Studierende» auch (schon damit
man nicht immer «Studentinnen und Studenten» sagen muss), «Arbeitnehmer» (Arbeiter und Angestellte), «Tarifpartner» (Gewerkschaften und Arbeitgeber) ebenso. Im Verkehr kämen wir gar nicht
mehr ohne solche Zusammenfassungen aus: Verkehrsteilnehmer,
Zweiräder, Motorfahrzeuge, öffentliche Verkehrsmittel, Kraftstof-
fe … Aber wir merken: Solche abstrakten Zusammenfassungen sind
ohne Geruch und Geschmack, sie entwerfen auch kein sinnliches Bild.
Zweiräder!

Nur das Wort «Nutzfahrzeuge» wundert mich. Es scheint mir klar,
dass mit dieser Definition allen anderen Fahrzeugen, also den Perso-
nenautos, offenbar der Nutzen abgesprochen wird. Sie erscheinen als
reine Luxusgüter, ohne Nutzen. Das kann keine Absicht sein …

Verständlich sind die «Kreditinstitute» (Banken und Sparkassen),
andere Dachwörter aber umfassen zu viel, um gleich begriffen werden zu können, etwa «Finanzdienstleister» (dazu gehören auch Versi-
cherungen, Vermögensverwaltungen, Broker und andere). Und was
alles gehört zu den viel beredeten «sozialen Sicherungssystemen»?
Die kann kaum mehr einer aufzählen, ebenso wenig wie alle «Ener-
gieträger».

Es gab lange Zeit politische Resolutionen, verfasst und unterzeich-
net von Schriftstellern, Malerinnen, Publizisten, Schauspielerinnen
oder Soziologen. Irgendwie musste man ein Dachwort finden auch

für diese, zum Standpunkt drängenden Kreise. In der DDR wurden sie gern «die Kulturschaffenden» genannt, im Westen «die Intellektuellen», doch mit diesem Wort konnten Künstler und Schauspieler kaum einbezogen werden. Aber «die Prominenz» geht ja auch nicht. Ein Sammelname musste aber her!

Wenigstens wurde ein naheliegender, aber verdächtiger Oberbegriff streng gemieden, die Elite. Obwohl man sich heimlich doch selbst so sieht. Oder? Da zögen wir doch gleich die Kopfbedeckung.

Standing Ovations

Es gab «stehende Ovationen», so steht es in mancher Kritik, und wir begreifen mühelos: das Publikum hat im Stehen applaudiert. Es ist eine Lehnübersetzung aus dem Amerikanischen und schon deshalb bei unseren Sprachfreunden unbeliebt. Zudem wird eingewandt, die deutsche Wendung sei falsch gebildet, denn schließlich stünden nicht die Ovationen, sondern es stünden die Klatschenden. Also könne es allenfalls «Ovationen im Stehen» heißen.

Aber ich weiß nicht … Muss man so genau sein? Wir haben uns an die «sitzende Lebensweise» ebenso gewöhnt wie an die «ambulante Operation», die sogar besonders seltsam ist (ambulant bedeutet ja ursprünglich: umhergehend). Da kann es einem auffallen, dass die Operation selbst nicht umhergeht, auch der Patient tut es nicht, während er operiert wird, der Chirurg eigentlich auch nicht. Und doch verstehen wir richtig: Ambulante Operation! Der Patient kommt kurz her und er geht anschließend wieder weg.

Warum also nicht die «stehenden Ovationen»? Überhaupt wechseln Adjektive gern von Menschen zu Sachen: Wir kennen das vom stolzen Preis, von der mutigen Tat oder den ehrgeizigen Plänen.

Wer genug Englisch kann, erklärt uns auch gleich, dass «standing ovations» dort gar keine falsche Bildung ist, weil «standing» ein Substantiv sei; ebenso wie in «standing room» (das ist ein Stehplatz) oder «standing jump» (der Sprung aus dem Stand). Es hat schon Journalisten gegeben, die deshalb die Übersetzung «Stehovationen» für besser hielten. Gar nicht so schlecht gewählt.

Jedenfalls glaubte ich, gut über dieses Thema Bescheid zu wissen, als ich in einem Lexikon, das populäre Sprachirrtümer auflistet, unter diesem Stichwort las, der englische Ausdruck meine gar nicht Beifall «im Stehen», sondern nur einen «lang anhaltenden» Beifall. Das konnte ich nicht glauben! Wörtlich stand da (mit der ganzen Autorität eines so genannten «Lexikons» vorgebracht): «Das ‹standing› steht für ‹anhaltend, andauernd› und hat mit ‹stehen› im Sinn von ‹aufrecht stehen› nichts zu tun.»

Ich begriff es nicht. Auch wenn es das «standing committee» gibt, das tatsächlich nicht steht, sondern andauernd tagt – hier musste «standing» so viel wie «im Stehen» bedeuten.

Dies Lexikon der Irrtümer, immerhin von zwei Professoren verfasst, musste also irren. So ging ich ins Internet und fand unter dem Stichwort «standing ovations» bald einen Ausschnitt aus einem Chatroom, in dem ein Teilnehmer genau das behauptet hat: Standing Ovations, sei nur ein «andauernder» Beifall, alles andere sei ein «Denkfehler». Und der Chatter riet allzu selbstbewusst: «Im Zweifelsfall sollte man schon ein seriöses Lexikon konsultieren oder einen Muttersprachler fragen.»

Ich tat es, und kein Ergebnis könnte eindeutiger sein. Im Englischen ist immer ein Beifall im Stehen gemeint. So schreiben es auch die Wörterbücher. Das Oxford English Dictionary etwa definiert: «a period of prolonged applause during which those in the audience or crowd rise to their feet».

Nun blieb nur die Frage, wie der Chat-Teilnehmer so kühn sein konnte, derart aufzutrumpfen. Darauf habe ich keine Antwort, aber ich glaube, etwas anderes zu erkennen. Der Mann könnte mit seinem schönen Irrtum Schule gemacht haben. Oder er hatte den Fehler selbst schon übernommen. Denn auch unser erfolgreichster Sprachlehrer verbreitet längst auf seiner Internetseite die Behauptung, es handele sich im Englischen nur um «lang anhaltenden» Beifall, mit Stehen habe das nichts zu tun. Von dort mochte es wiederum besagtes Lexikon übernommen haben.

Sprachexperten unter sich. Irgendwie hängen wir alle aneinander, und Abschreiben, das war noch nie ein Vorwurf. Einem der beiden

Verfasser des Sprachlexikons, wir kennen uns nicht, habe ich diskret geschrieben, um ihn aufzuklären – für seine nächste Auflage. Er antwortete sogar, schwieg jedoch zur Sache, um versöhnlich vorzuschlagen, wir könnten uns mal zu einer Tasse Kaffee treffen. Wahrscheinlich begnügt er sich dann mit einem standing room. Und wird – wenn er nett ist – einen standing jump machen. Rückwärts.

VI – Wächter und Wahrer

Kinder von der gleichen Frau
Im Mai 2002 berichtete der ‹Spiegel› in seiner Rubrik ‹Personalien› vom saarländischen Ministerpräsidenten Peter Müller, der auf einer Mittelstands-Tagung «Grammatikschwächen» gezeigt habe, als er seine drei Kinder erwähnte. Da habe er nämlich präzisiert: «Nur damit das klar ist, als Saarländer von der gleichen Frau.» Es gab vergnügte Lacher. In der Diskussion meldete sich jedoch ein Teilnehmer zu Wort und merkte an, wenn Müller drei Kinder von der «gleichen» Frau habe, zeuge das zwar «von Geschmackskonsistenz». Für die CDU aber sei es «interessanter zu wissen, ob die Kinder auch von derselben Frau sind». Auch er erntete Freude.

Und gewiss, es ist ja witzig, den Ministerpräsidenten anzupflaumen, aber ganz recht hatte der Teilnehmer nicht. Wenn jemand sagt, er habe Kinder «von der gleichen Frau», so ist es unmöglich, das so zu verstehen, als handele es sich um verschiedene Frauen, die sich nur dem Typ nach gleichen. Es geht ja nur um den Singular, also um eine einzige Frau. Aber wir wollen den Scherz gern gelten lassen, zeigt er doch schön, wie lebendig noch die alte Schulmeisterei, man müsse hier unterscheiden, unter Älteren rumort.

Eigentlich erstaunlich, weil seit langem keine Schule mehr auf der Unterscheidung von «dasselbe» und «das gleiche» herumreitet. Und weil die Vorschrift spät erfunden wurde (sie stammt aus dem Kaiserreich) und zudem ziemlich künstlich und willkürlich wirkt. Das Schlimmste ist: Man kann sie im Alltag schlecht befolgen, und sie scheint auch noch überflüssig, weil man den gemeinten Unterschied mit anderen Worten viel deutlicher bezeichnen kann.

Ich hoffe, einige von Ihnen sind jetzt verblüfft, vielleicht sogar empört. Zählt denn diese Unterscheidung nicht zu dem Wenigen, was wir aus dem Deutschunterricht mitgenommen haben ins Leben? Und jetzt soll das nicht mehr gelten? So ist es wohl.

Gegolten hat die scheinbar spitzfindige Unterscheidung vornehmlich im Einflussbereich der Schule, und erfunden wurde sie einst von Schulmeistern und anderen Fachleuten, die unsere deutsche Sprache regulieren wollten.

Kein Wunder, dass heute kaum ein Sprachkenner mehr auf dieser Unterscheidung besteht. Auch der Ratgeber-Duden, es ist Band 9, erweist sich als recht großzügig. In den meisten Fällen sei «eine strenge Unterscheidung unnötig», meint er.

Viele Beispiele werden vom Duden aufgeführt mit dem Hinweis, hier sei jeweils beides richtig: «Er besucht dieselbe Schule wie ich. Sie tranken alle nacheinander aus dem gleichen Glas. Ich möchte denselben Wein wie der Herr am Fenster. Er hat den gleichen Vornamen wie sein Vater. Sie trafen sich heute um dieselbe Uhrzeit wie gestern.» Immer wäre beides richtig.

Nur deshalb berufe ich mich hier gern auf den Duden, weil es meine Erfahrung ist, dass sich ältere Menschen, wie gesagt, an die Schulregel geradezu klammern, als dürfe man sie niemals aufgeben. Diese alte Vorschrift muss, psychologisch gesehen, recht attraktiv sein. Sie ist intellektuell gut zu verstehen, aber praktisch kaum auszuführen. Daher erscheint sie als die ideale Herausforderung im Alltag der Sprache.

Doch hat sich die Unterscheidung nicht eingebürgert, und so ist es kaum ratsam, sie im entscheidenden Fall als Mittel der Verständigung zu wählen. Selbst der Duden hat nur ein einziges Beispiel parat, wo man die Schulmeisterei mal anwenden könnte. Und auch da böten sich andere Worte, mit denen wir uns klarer ausdrücken können.

Ministerpräsident Müller hatte also recht. Er zeigte keine «Grammatikschwäche», wie der ‹Spiegel› meinte, sondern blieb seinem Sprachgefühl so treu – wie immer der gleichen Frau.

Erst war er vergesslich, dann unvergesslich
Eine energische Frau sprach mich freundlich an: «Beim Roten Kreuz hat ein Schild gestanden ‹Blutspender parken umsonst›. Was sagen Sie dazu! Endlich ist es mir gelungen, den Text ändern zu lassen. Jetzt

steht da, sie parken ‹kostenlos›.» Die Frau sah mich erwartungsvoll an, offenbar sollte ich ihr zu dem Erfolg gratulieren.

«Ja, schön», sagte ich verlegen, «aber das Wort ‹umsonst› hatte schon immer zwei Bedeutungen …» Ein Blick in ihre Augen zeigte mir jedoch, dass ihre Überzeugung feststand: Jedes Wort darf nur eine Bedeutung haben. «Meinen Rat», sagte ich daher möglichst sanft, «bekommen Sie umsonst, und er wird umsonst sein.»

Ich hätte ihr auch von dem anderen Sprachfreund erzählen können, der mich unterhalten hat mit dem gelungenen Satz: «Mein Vater war in seinen letzten Jahren ziemlich vergesslich, aber im Ganzen ist er doch unvergesslich.» Auch dieser Sprachbeobachter war überzeugt, dass hier unbedingt etwas geregelt werden sollte. Das gehe doch wohl nicht an, meinte er, dass «unvergesslich» nicht das Gegenteil von «vergesslich» sein solle.

Ja, muss denn in der Sprache alles logisch korrekt sein? Dann könnte man kaum noch Wortspiele machen oder auch nur mit einer doppelten Bedeutung jonglieren. Diese Regelungswut gab es schon im zweiten Kaiserreich, in den Gründerjahren. Seitdem sind immer noch Menschen überzeugt, «schön» könnte nur ein Anblick sein, niemals könne ein Pudding schön schmecken. Und ein Basketballspieler sei niemals groß, sondern lang. Goethe sei groß.

Auch mein Freund P., ein scharfsinniger Jurist, ist überzeugt, in der Sprache müsse alles eindeutig definiert sein, wie in den Gesetzen. Sein Lieblingsbeispiel ist die saubere Unterscheidung von «brauchen» und «gebrauchen». Gut, am Anfang sind wir uns, wenn er mich mal wieder auf dieses Thema bringt, noch einig. Brauchen heißt «nötig haben» (Ich brauche Hilfe). Gebrauchen heißt «benutzen» (Die Zange ist nicht zu gebrauchen).

Listig legt er mir dann den Beispielsatz vor: «Olli gebraucht täglich seine drei Flaschen Bier.» Da rufe ich «Falsch!», und er ist mit mir zufrieden. Nun aber naht er als Versucher: «Eine gute Flasche Rotwein kann man immer gebrauchen.» Das sei in Ordnung, sage ich. Und er zeigt mir genüsslich, dass ich mir widerspreche, dass ich mich inkonsequent, ja unlogisch verhalte. «Mit dem Rotwein ist es wie mit dem Bier, man kann ihn nur brauchen.»

Etwas hilflos gebe ich ihm zur Hälfte recht. Unlogisch sei meine Billigung vielleicht, aber solche Sätze seien nun mal üblich: «Deine Ratschläge kann ich jetzt nicht gebrauchen!» – «Brauchen!», knurrt er. Und ich beharre auf meinem Grundsatz: «Was üblich ist, kann nicht falsch sein!» Ein Prinzip, das, ich weiß, einem Juristen total zuwider ist.

«Drei Jahre nach der Scheidung», so zitiert er nun einen Single, «gebrauche ich dringend wieder eine liebe Ehefrau.» Nun wartet er auf meinen Protest, der auch kommt: Das geht natürlich nicht. Üblich sei ja auch nur, sage ich, diese feste Verbindung mit «können». Der Single hätte daher stöhnen dürfen: «Ich könnte jetzt wieder eine Ehefrau gebrauchen.»

«Menschen darf man niemals gebrauchen, zu nichts», sagt mein Starjurist tadelnd, «sie sind keine Gebrauchsgegenstände.»

Ja, ja! Da hat er mich. Fast. So sage ich schnell: «Einen Freund wie dich kann man wirklich gut ... Du weißt schon.»

«Kurt oder ich soll es machen»
«Marmor, Stein und Eisen bricht, aber unsere Liebe nicht!» Diesen Schlager von Drafi Deutscher habe ich 1965 laut mitgegrölt, wie unzählige andere Menschen auch, aber mir ist nicht aufgefallen, dass die Worte grammatisch anstößig sein könnten. Erst als Drafi Deutscher vier Jahrzehnte später starb, las ich in einem Nachruf, damals habe man im Bayerischen Rundfunk, auf einen Wink aus dem Kultusministerium hin, das Lied nicht spielen dürfen, weil die Schuljugend durch den Singular «bricht» zu falschem Deutsch verleitet werden könne. (Aufgefallen war mir nur, dass eine Aufzählung von Marmor und Stein wenig sinnvoll scheint. Marmor ist doch ein Stein.)

Also versuchen wir es so, wie es angeblich korrekt wäre: «Marmor, Stein und Eisen brechen ...» Leider ist nun der Reim weg. Und überhaupt kann man sich fragen, ob der Plural nötig ist. Ich höre eher so eine Botschaft heraus wie «alles bricht – selbst Marmor, Stein und Eisen». Ja, ich habe wohl überhaupt eine Neigung zum Singular und ertappe mich in jüngster Zeit bei Sätzen wie «damit sich Wort und

Sinn gegenseitig erhellt» oder «weil Zigarettenrauch und Kippengestank gleichermaßen unerträglich ist». Stehe ich im Deutsch-Abseits?

Schlägt man eine Grammatik auf, so erkennt man, wie kompliziert dieser Fall ist, der dort unter «Kongruenz» abgehandelt wird. Ich sehe im Ratgeberband des Duden nach und lese, Thomas Mann habe geschrieben: «Schimpfen und Lachen *drang* durch mehrere Türen.» Es wird auch Kurt Tucholsky zitiert: «Die Korruption und die Verkennung der Lage *fraß* nach unten weiter.» Da will offenbar der Autor jeweils zeigen, dass beide Subjekte zu einem zusammenwachsen: «Schimpfen und Lachen» mischt sich dann zu einem Geräusch. «Korruption und Verkennung der Lage» erscheint als ein einziger Frevel. Wohl ebenso ist es bei Peter Weiss: «Alle Zerstörungswut und Herrschsucht in uns durfte sich entfalten.»

Gewiss, es gibt Regeln, aber es scheint hundert Ausnahmen zu geben, vom Duden zugelassen. Und genau das ist es, was mich entzückt: Je genauer Fachleute die Sprache kennen, desto großzügiger werden sie! Auf Regeln herumreiten, das ist eher die Haltung derer, die nicht allzu viel beobachtet haben. Günter Grass hatte in der Blechtrommel mit diesem Satz recht, der das Schlichte der Personen und den Spott des Autors erkennen lässt: «Frau Kater mit ihrer Tochter Susi *brachten* beim Matzerath ihr Beileid an.» Für Beckmesser ein falscher Plural.

Klar, dass vor allem bei Mengenangaben sowohl Singular wie Plural richtig sind (oder: ist?). «Eine Menge Birnen lag verstreut. Ein halbes Kilo Erbsen reichen. Zweidrittel der Mitglieder war dafür …» Und wenn Dinge aufgezählt werden, die es gar nicht gibt, bilden sie noch lange keinen Plural: «Kein Baum, kein Strauch, keine Pflanze belebte die Landschaft.»

Sprachgefühl, verbunden mit Phantasie, reicht. (Oder reichen? Wir sind liberal.) «Jung und Alt strömte aufs Eis.» «Grund und Boden darf nicht enteignet werden.» Alles gebilligt.

Als die SPD plötzlich einen neuen Vorsitzenden brauchte, weil Müntefering zurückgetreten war, ging der brandenburgische Ministerpräsident Platzek vor die Presse und sagte: «Kurt Beck oder ich *soll* es machen.» Das war mir ein wenig ungewohnt, aber er hatte ja recht, weil er ankündigen wollte: «*Einer* von uns soll es machen.» Hätte er den Plural gewählt, hätte es ein wenig nach Doppelspitze geklungen.

Oppositionsführer Guido Westerwelle forderte nach einer Schlappe der Regierung: «Wir sind für Neuwahlen, weil ein klarer Schnitt und ein neues Votum der Bürger die sauberste Lösung *wäre*.» Gerade dadurch, dass der Singular etwas auffällig ist, bekommt er Sinn. Es ging um einen einzigen Vorschlag, der die sauberste Lösung wäre (die Substantive Neuwahlen, Schnitt und Votum sind gleichsam eins).

Auch wer von Ihnen, verehrte Leser, immer noch meint, in der Sprache müsste alles nach einer Regel laufen, weil es nur ein Falsch oder Richtig geben könne, der wird es freundlich aufnehmen, wenn ich ihm sage: «Ihnen *sei* Segen und Glück, Heiterkeit und Gesundheit beschieden!»

Weil es ist kräftiger so

Als Günther Jauch 2006 den ‹Medienpreis für Sprachkultur› bekam, sagte er in seiner Dankesrede, es scheine für ihn «mittlerweile Normalität geworden zu sein, alltäglich gegen den Sprachverfall ankämpfen zu müssen». Als einziges Beispiel nannte er seinen Kummer darüber, dass selbst «gestandene Politiker in Fernsehinterviews die Konjunktion *weil* grundsätzlich mit einem Hauptsatz verbinden». Gemeint war die Wortfolge des Hauptsatzes. Diese Politiker sagten also etwa «weil das ist wichtig» statt «weil das wichtig ist».

Günther Jauch hat natürlich recht, üblich geworden ist diese Wortstellung nach «weil», und sie gilt als nicht richtig. Das ist der Tatbestand. Nur über die Bewertung kann man diskutieren. Ist das ein Zeichen von «Sprachverfall» gegen den man «ankämpfen» muss? Dieser vorbildliche, gebildete, souveräne und gelassene Moderator – so aufgebracht? Mir scheint, viele Sprachfreunde haben ihr spezielles Rotes Tuch, das sie reizt. Man könnte auch sagen, sie haben ihr Steinchen im Schuh, an dem sie sich immer stoßen müssen. Oft sind das Dinge, die man auch unter Sprach*wandel*, nicht unbedingt unter Sprachverfall buchen könnte.

Vor Jahrzehnten war des Bildungsbürgers liebster Stein des Anstoßes das «brauchen ohne zu». Da brauchte man nur was sagen, schon
war er auf der Palme. *Obwohl*, auch hier zeigte sich ein Sprachwandel, sogar ein ganz intelligenter.

«Obwohl, auch hier ...», das ist natürlich genau so schlimm wie
«weil es ist wichtig». *Trotzdem*, man tut es. (Schon wieder!) Ja, das ist
ein hochmoderner Satz, so spricht man seit wenigstens drei Jahrzehnten. Richtig wäre: «Trotzdem tut man es.» Doch diese Wortfolge
kommt aus der Mode. *Zwar*, die alte Grammatik erlaubt es nicht.
Dennoch, wir haben uns alle daran gewöhnt. *Allerdings*, die Konjunktion (oder das Adverb) am Anfang wird noch mit Komma abge-
trennt; es wird damit gleichsam ein eigener Satz. Danach darf, so
glaubt man, dann die Wortfolge des Hauptsatzes folgen (obwohl die
Wortfolge des Nebensatzes verlangt wird).

Tatsächlich, so kompliziert war das früher. *Freilich*, man hatte dadurch schöne Variationsmöglichkeiten. *Indes*, unsere Vorliebe für die
vertraute Wortfolge im Hauptsatz (Subjekt-Prädikat-Objekt) ist stärker. Und *sicher*, das ist kein Unglück. Es sei denn, man beklagte die
gewisse Eintönigkeit, die sich ergibt, wenn wir nur noch die Wortfolge des Hauptsatzes kennen.

Um noch einmal auf Jauchs Stein des Anstoßes zu kommen: Die
Wortfolge «weil das ist üblich» scheint tatsächlich schon so üblich,
dass dieses «weil» oft nicht einmal mehr mit einem Komma abgeteilt
wird, wenn einer (zum Beispiel ein Journalist) so etwas schreibt.
Doch wenn jemand solch einen Satz *spricht*, kann man noch hören,
dass nach dem «weil» eine kleine Pause eintritt, so als wollte der
Sprechende zeigen, dass er nun die Satzkonstruktion ändert. Die Pause macht er, weil – er kann danach fortfahren wie mit einem neuen
Satz.

Dass die neue Wortfolge (also die des Hauptsatzes) uns gerade bei
«weil» so geläufig geworden ist, könnte auch daran liegen, dass
«weil» eine Zwillingsschwester hat, das «denn». Und nach diesem
«denn» folgt wirklich die Hauptsatzstellung: «Denn sie ist richtig.»

Der Trend geht also zum Hauptsatz. Das kann man «Sprachverfall» nennen oder auch «Sprachwandel». Man kann sich darüber är-

gern oder man kann es hinnehmen. Die Veränderung geht jedenfalls recht langsam vor sich. Nur bei Konjunktionen oder Adverbien, die einen Widerspruch ankündigen (trotzdem, zwar, dennoch, freilich) oder ein Ergebnis einleiten (tatsächlich, sicher) lieben wir die neue, nicht erlaubte Wortfolge. In anderen Fällen ginge uns das noch gegen den Strich. Ich nenne dafür drei Beispiele: «Gelegentlich sie braucht noch Hilfe.» «Wahrscheinlich er kommt gar nicht.» «Damit der Koffer wird zu schwer.»

Aber der Trend ist da, der erlaubt uns das bald.

Ach ja, geben wir es doch zu. Die Wortfolge des Hauptsatzes hat einfach mehr Power! Darum spricht man in der gefühlsgeladenen Rede gern so: «Der flennte los, trotzdem – er hatte gewonnen!» Oder: «Der Pitt tut so, als ob – er wäre der Stärkere!» Auch hier die Pause beim Sprechen, gleichsam zum Anlauf – und dann der Hauptsatz, in seiner brutalen Wortfolge. Mit Macht!

Meine Lena

Zur Feier seines fünfzigsten Geburtstags hatte Lorenz selbst eingeladen, und zwar in ein Lokal, da er Single ist. Aber im Einladungsschreiben hatte er vermerkt, «... auch meine Lena freut sich auf die Gäste». Eigentlich sei das doch, glaubte er, eine diskrete Andeutung, dass er mit einer Lena zusammen ist. Als die Gäste eintrafen, nahm eine Deutschlehrerin, eine Jugendliebe von ihm und noch immer unverkennbar eine geborene Schönheit, den Wortlaut genau. Sie sagte zu ihm und den Umstehenden im Ton einer Schulstunde: «Also, ‹meine› Lena, das war wohl daneben. Oder gehört sie dir?»

«Eher gehöre ich ihr», stammelte er, um noch etwas zu retten. Wandte dann aber ein: «Man sagt doch auch ‹meine› Mutter und ‹meine› Tochter. Um einen Besitz geht es dabei wohl nicht.» Die Jugendfreundin, jetzt ganz in ihrem Element, beharrte: «Das Wörtchen ‹mein› ist ein Possessivpronomen, ein ‹besitzanzeigendes Fürwort›, also ...!»

Damit behielt sie das letzte Wort, denn es galt, neue Gäste zu begrüßen. Der Jubilar war voll beschäftigt. Doch er dachte: «Du, meine alte Liebe, sagst bestimmt auch ‹*mein* Mann›, wenn du dich über ihn beschwerst.»

Später wandte sich die Jugendfreundin noch einmal an ihn, diesmal im Plauderton: «Weißt du noch, wie wir uns aufgeregt haben, wenn unser Direktor sagte: ‹An *meiner* Schule dulde ich so etwas nicht›, als wäre das *seine* Schule. So nach Gutsherrenart.» Lorenz entsann sich gut, gab aber zu bedenken: «Wir sagten doch auch ‹meine› Schule, nur galt das bei uns als unverdächtig – war es ja auch. Und unser Direktor lernte schnell um und sagte ‹an *dieser* Schule dulde ich das nicht›. Schon war er auf der sicheren Seite.»

«Ich kann dir ein bisschen recht geben», meinte die Lehrerin (und sah in ihrer Güte gleich zehn Jahre jünger aus), denn schon bei Saint-Exupéry lehrt der Fuchs den kleinen Prinzen, warum die eine Rose, die er liebt, zu *seiner* Rose geworden ist. Der kleine Prinz wiederholt es so: ‹Ich bin für meine Rose verantwortlich.› Vielleicht hast du ja ‹meine Lena› so gemeint. Du fühlst dich verantwortlich.»

«Du, mein lieber Lorenz», mischte sich ein anderer Gast ein, «auch die Grammatik gibt dir recht. Denn die Bezeichnung *besitzanzeigendes Fürwort* darf man keineswegs wörtlich nehmen. Solch ein Fürwort drückt nämlich nicht immer, das wissen die Germanisten inzwischen, ein Besitzverhältnis aus. Sondern oft einfach eine Zusammengehörigkeit.»

«Genau!» rief Lorenz erleichtert aus. «*Meine* Lena, also … das soll heißen, sie und ich, wir gehören zusammen.» Und nun zählten die umstehenden Gäste und der Jubilar auf, was ihnen als Beispiel für die neu erblickte Zusammengehörigkeit einfallen wollte: Mein Job, meine Heimat Oberpfalz, mein Fehler, meine Sehnsucht, mein Bruder, meine Straße … Die Jugendliebe sagte zum Abschluss: «Und manchmal darf man auch sagen ‹meine Rose›, wie es der kleine Prinz gelernt hat.»

Jene Lena, um die es gegangen war, kam hinzu. «Darf ich mal meinen Lorenz entführen?», fragte sie, und die Umstehenden lachten zustimmend. «Meine Lena», sagte der ihre, «eben habe ich es nun endlich verstanden. ‹Mein› drückt nicht nur …» Er wandte sich an seine Jugendliebe, und die ergänzte: «Drückt oft kein Besitzverhältnis aus, sondern – einfach die *Zusammengehörigkeit*.»

Da ergriff Lorenz Lenas Hand, hob sie ganz empor und rief in die Runde: «Nun ist es heraus, *meine* Lena und ich, wir gehören *zusammen*!» Die Gäste verstanden nicht ganz, was vorging, aber es klang wie eine Verlobung.

Verzeihung!

«Ich möchte mich entschuldigen», das habe ich oft und lange Zeit gesagt. Bis mir jemand beibrachte, die Worte seien unsinnig. Diese Einsicht wurde mir in einem christlichen Kreis eröffnet – und das mag alles andere als Zufall gewesen sein. Sanft sagte mir die religiöse Dame mit dem grauen Schimmer im Haar: Niemand könne «sich» entschuldigen. Denn das könne man nicht selbst für sich tun. Dazu gehörten immer zwei. Eben auch der andere, den man bitten könne, das, was man getan hat, zu entschuldigen.

Ich habe nachdenklich genickt. Das schien mir einleuchtend. Und gerade für den Glauben hat es einen tiefen Sinn zu erkennen, dass Schuld vergeben «wird» und man sich nicht selbst der Schuld entledigen kann mit einem «ich entschuldige mich». Das habe ich eingesehen, stimmte der freundlichen Frau zu und wollte mich entschuldigen. Nun aber tat ich es in der korrekten Form: «Ich bitte um Entschuldigung!»

Allerdings ist, das gestehe ich jetzt, die Wendung «ich entschuldige mich» so geläufig, dass man sie nicht mehr ändern kann. Zudem fielen einem doch gleich andere Redewendungen ein. Wie «ich bedanke mich», das klingt dann auch recht zweifelhaft (so als wollte man sich selbst mit Dank bedecken, analog zu «ich verschulde mich»). Und gar «ich beschwere mich», obwohl man doch eine Beschwerde loswerden will. Das ist ein weites Feld ... Einfallen könnte einem auch, wie sehr «sie hat entbunden» längst üblich ist, ebenso «sie hat promoviert», obgleich man sowohl entbunden wie promoviert *wird*.

Dennoch, es soll dabei bleiben, dass nur «ich bitte um Entschuldigung» korrekt ist. Ebenso natürlich die feierlichen Erhöhungen «ich bitte um Verzeihung» oder gar «ich bitte um Vergebung» – soweit man so etwas heute noch ohne Ironie über die Lippen bekommt.

Es gibt nur einen Grund, der Wendung «ich entschuldige mich» noch etwas Gutes nachzusagen, und der liegt im Vergleich mit der Kurzform «Entschuldigen Sie, bitte», die noch etwas gröber wirkt. Denn sie klingt wie ein Imperativ. Eigentlich müsste man das mit Ausrufezeichen schreiben: «Entschuldigen Sie!» und «Verzeihen Sie!». Nur in einer besonderen Situation und mit leicht veränderten Worten wird es wieder ganz höflich, nämlich wenn man sich für kurze Zeit entfernen muss und sagt: «Entschuldigen Sie mich bitte für einen Augenblick.»

Selbst den Imperativ «Entschuldigen Sie!» gibt es in einer noch knapperen Ausgabe, nämlich als: «Entschuldigung!» oder «Verzeihung!» Das ist dann schon wie der verkürzte Gruß «Morgen!» oder «Tag!» Ist das verboten? Nein. Denn gemeint ist ja «Ich bitte um Entschuldigung» oder «um Pardon». Und selbst mit der Kurzfassung «Entschuldigung!» fällt man noch günstig auf in einer Zeit, in der Entschuldigungsversuche aus der Mode kommen.

Nur vor *einer* Wendung muss ich warnen, nämlich vor «Entschuldigen Sie vielmals». Warum sollte ich es, so angesprochen, «vielmals» tun? Gemeint hat mein Gegenüber damit ja auch etwas anderes, nämlich dass er sich *selbst* «vielmals» entschuldigen möchte. Das kann meinetwegen jeder machen. Auch, wie es beliebt ist, «tausendmal».

Derjenige welcher

Es gibt sonderbare Regeln, die die Ästhetiker uns vorschreiben wollen. In diesem Satz findet sich ein «die die», und schon errötet gerade hier auf dem Computer-Bildschirm das zweite «die», weil mein Korrekturprogramm das für einen Fehler hält. Ich nicht! Aber es ist wohl ein Anblick, der der Mehrheit aller Schreibenden missfällt. Schon wieder! Ja, die meisten würden nun schnell verbessern in «ein Anblick, *welcher* der Mehrheit missfällt».

Und ich sage: Schrecklich! Ich weiß nicht, aber ich kann dieses «welcher, welche, welches» nicht gut leiden (um es einmal zart zu sagen). Es kommt mir allzu gewählt vor. Begründen kann ich das schlecht. Vielleicht widerstrebt mir das Wort, weil es ganz früher mal dem Diener vorgeschrieben war zu fragen: «Welches ist Ihr Wunsch?» (Ein «was» war verpönt.) Und auch der übermäßige Gebrauch von «derjenige, welcher» im neunzehnten Jahrhundert mag mir (nach vielem Lesen alter Texte) die Toleranz ruiniert haben.

Und Sie? Es mag sein, dass wir uns auf die Feststellung einigen können, dass dieses «welche» ein wenig zu deutlich vornehm klingen soll. Ungefähr so, wie der abgespreizte kleine Finger, wenn eine Hand die Teetasse hält. Dabei bringt man artig einen Satz vor wie: «Ich liebe diesen Duft, welchen der Darjeeling spendet.» Ja, «welchen» ist ungefähr so abgespreizt wie «spendet». Das Wort «welche» spendet Vornehmheit. So empfinde ich es.

Nun höre ich jedoch eine Leserin, welche mir zuflüstern will, das Wörtlein sei unschuldig. Es sei sogar liebenswert. Aber ich unterdrücke ein: «Sie glauben wohl, Sie seien diejenige welche!» Entschuldigung! Meine geheimnisvolle Leserin möchte ein gutes Wort einlegen für «welches», weil man damit die Wortwiederholung vermeiden kann. «Es ist das einzige Wort», flüstert sie, «welches das unschöne Wiederholen vermeiden hilft. Darum wählen es die meisten Menschen, welche die Ästhetik noch hochhalten.»

Aber ich bleibe dabei: Dieses «welcher» ist das einzige, was ich nicht mag. Lieber «das das» und «die die». Obwohl ich weiß, dass ich mit dieser Ansicht ziemlich allein dastehe. In allen Blättern und Zeitschriften gilt, ich merke es ständig, die eiserne Regel, keine zwei gleichen Wörter hintereinander zuzulassen. Das gebietet schon das ‹Word›-Programm von Microsoft mit seinen roten Warnungen.

Doch ich sage: Lasst Wortwiederholungen zu! Um diese Forderung zu illustrieren, zitiere ich eine Stelle aus einem Spiegel-Interview mit Außenminister Steinmeier. Der hatte offenbar im Gespräch gesagt: «Lassen Sie uns uns nicht auf Begriffe fixieren.» Es ist ganz korrekt gewesen. Die Redakteure fanden das jedoch irgendwie nicht richtig. «… uns uns»? So haben sie offenbar überlegt und das verbessert. Der Minister soll nun gesagt haben, so stand es jedenfalls zu lesen: «Lassen Sie uns nicht auf Begriffe fixieren.»

Innerhalb fünf Monaten

«Entlang *dem* Bach»? Kann das stimmen, kein Genitiv? Also Dativ? Doch, es stimmt, Dativ. Viele von uns haben genau im Ohr, wie das mit den Präpositionen ist, aber sie können sich dennoch leicht irren. «Entlang des Bachs» sagt ihnen vielleicht ihr Sprachgefühl. Ist auch nicht ganz falsch, im Gegenteil, war ganz früher sogar verbreitet und gilt in Süddeutschland immer noch als erste Wahl.

Die deutschen Präpositionen sind ein verwirrendes Gebiet. Oft muss man, will man sicher sein, in einer Grammatik nachschlagen.

Unser Beispiel «entlang dem Bach» kann auch schön zeigen, wie viel nebeneinander vorkommt und erlaubt ist. In diesem Fall sind außer dem Dativ auch der (veraltete) Akkusativ und der Genitiv erlaubt – also alles. Und wenn wir die Worte umstellen zu «den Bach entlang», dann ist plötzlich der Akkusativ heute am ehesten gültig. Aber auch der Dativ ist richtig.

Um Sie noch mehr zu verwirren: Wählen wir die nahe verwandte, fast gleiche Präposition «längs». Dann heißt es «*längs* des Baches», denn hier ist wiederum der Genitiv das Übliche! Und das, obwohl gute Schriftsteller (zum Beispiel Günter Grass) «längs dem Bach» bevorzugen. Was sie natürlich dürfen.

Wann der Dativ, wann der Genitiv auftritt, das wurde von niemandem festgelegt, es ist allein der Sprachgebrauch, der das regelt. Und der schwankt oft. Zudem hat unser Sprachgebrauch vieles komplizierter gestaltet, als wir vermuten. Der Dativ tritt nämlich auch dann gern an die Stelle des Genitivs, wenn der Genitiv nicht erkennbar wäre: «innerhalb fünf Monaten» ist deutlicher, ebenso «mittels Drähten». Auch wird der Genitiv ersetzt, wenn zwei Genitive aufeinander folgen würden: Während meines Onkels plötzlichem Sterben. (Die Beispiele entnehme ich dem Duden.)

Bei anderen Präpositionen darf der Gebrauch schwanken zwischen Genitiv und Dativ: binnen, dank, laut, längs.

Was ich sagen wollte … Man glaubt zu oft, selbst zu wissen, wie es allein richtig sein kann. Und muss sich von den Fachleuten dann sagen lassen, dass andere Menschen auch recht haben, ja, dass ziemlich vieles üblich und zugelassen ist. Das andere, was ich sagen wollte: Unsere deutsche Sprache ist doch arg kompliziert. Ein Glück, dass es wenigstens Spielräume gibt.

Der Räuber Genitiv

Das große Rätselraten darüber hält unter Sprachfreunden an, wann eine Präposition den Genitiv verlangt. Ja, liebe Leute, zugegeben, es ist schwierig, zumal sich im Lauf der Jahrzehnte oder Jahrhunderte die Regeln und Gewohnheiten verändert haben. Einen Überblick gewinnt man, wenn man die Entwicklung wie einen Kriegsverlauf sieht: Der Genitiv ist adlig und er ist ein Räuber. Allerdings wird sein Gebiet heute tatsächlich auch etwas angeknabbert. Artenschutz braucht er dennoch nicht!

Viele Präpositionen verlangen den Genitiv. Wir teilen sie am besten in drei Gruppen ein. Erstens gibt es die, die eine Sache dem Raum oder einer Menge zuordnen: *innerhalb, außerhalb, oberhalb, unterhalb, diesseits, jenseits, inmitten, unweit, unfern, abzüglich, einschließlich*. Alle diese Präpositionen wirken umständlich, aber genau. Daher scheint mir der Genitiv irgendwie recht präzise und wissenschaftlich zu sein. Er passt zu diesen Präpositionen wie ein Werkzeug, sagen wir eine Pinzette.

Die zweite Gruppe der Präpositionen mit Genitiv klingt etwas abgehoben, nach Juristen- und Amtssprache. Da riecht man Staub und hört Akten rascheln: *hinsichtlich, mittels, statt, halber, um ... willen, infolge, kraft, laut, seitens, angesichts, ungeachtet, zugunsten...* Wahrscheinlich kommt uns der Genitiv gerade deshalb etwas veraltet vor, weil er sich in dieser Aktensprache besonders ausgebreitet hat. Und hier herrscht er tatsächlich souverän, ist also durchaus nicht gefährdet.

Nicht zum Genitiv gehören die üblichen, kraftvollen Präpositionen, die wir viel öfter verwenden, etwa: *bei, auf, durch, in, mit ...* Von dieser Sorte hat er nur zwei, und sie bilden die dritte Gruppe seiner Untertanen: *wegen* und *während*. Ausgerechnet hier jedoch wird ihm seine Herrschaft streitig gemacht, was wohl auch der Grund dafür ist, dass er als gefährdet gilt. «Wegen *dem* Karneval ruht alles», das ist leider ebenso üblich wie «während *dem* letzten Jahr». Ein Grund für diesen Sprachwandel mag darin liegen, dass die beiden Allerwelts-Präpositionen *wegen* und *während* nicht so recht zum elitären Genitiv zu passen scheinen.

Diesem vornehmen Kasus, der heute behauptet, gefährdet zu sein, ist allerdings im 19. Jahrhundert ein erheblicher Landgewinn gelungen. Neu zu seinem Gebiet gehören seitdem: *trotz, entsprechend, gemäß* und *dank*. Sie alle hat er dem eher bieder-bulligen Dativ abgenommen. Der aber meldet sich als Altbesitzer noch regelmäßig zur Stelle, sagen wir doch weiterhin *trotzdem, dementsprechend, demgemäß* und «*ihm* sei Dank». Hier hat sich also der alte Dativ erhalten. Und weil Landgewinne immer anrüchig bleiben, gibt der Duden der Minderheit unter uns immer noch recht, die am Dativ festhält – *trotz* dem Üblichen, *entsprechend* dem Herkommen, *gemäß* gutem Sprachgefühl und *dank* erkennbarem Mut.

Unter den grammatischen Fällen hat der Genitiv, das ist wohl deutlich geworden, ein einzigartiges Ansehen. Er strahlt vornehme Autorität aus und hat es geschafft, dass sich seit über hundert Jahren Vereine (auch scherzend: «Rettet des Genitivs!») um seine Unversehrtheit bemühen, obwohl er ein neureicher Landräuber ist. Heute zeigt sich seine unnahbare Strenge und sein Nimbus darin, dass viele Sprachfreunde sich vor nichts so fürchten wie davor, den Genitiv dort nicht zu verwenden, wo er vielleicht doch hingehört.

Diese Menschen verhalten sich wie verängstigte Untertanen und sie sagen im Zweifelsfall: nahe *des* Markusplatzes, entgegen *meines* Willens, fern *jedes* Verständnisses und wider *besseren* Wissens. Alles nicht ganz passend!

So viel vorauseilenden Gehorsam hat der vornehme Fall kaum verdient. Und doch ist auch er gefährdet. Denn er beherrscht ja nicht nur einige Präpositionen, sondern er will auch von so manchem Verb bedient werden. Und diese Gefährdung ist durchaus eine Erwähnung wert. Verzeihung: *einer* Erwähnung wert. Davon soll gleich die Rede sein.

Wie man den Opfern gedenken soll

«Allen diesen Konflikten muss man eingedenk sein.» Der Satz fiel in einem Gesprächskreis, der sich diesmal einen Gewerkschaftler als Gastredner eingeladen hatte. Nicht irgendeinen, sondern Deutschlands am meisten gefürchteten. Er sprach zu Akademikern, und er schien selbst einer zu sein, offenbarte er doch eine Vorliebe für altertümliche Verben, eben zum Beispiel für «eingedenk sein». Da zeigte er Nostalgie und Romantik.

Er sagte auch: «Es kommt nur darauf an, wie man sich dem entledigt.» Ich habe mir seine altertümlichen Verben zu merken versucht, denn eins fiel auf: Er schenkte ihnen nicht den Genitiv, der ihnen zusteht. «Als Gewerkschafter sollte man diesen Gefahren gewärtig sein», sagte er etwa. Es schien mir auffallend, dass er den Genitiv geradezu mied. Weshalb? Es könnte sein, dass er ihn als zu elitär empfand. Diese altmodische Eleganz, so glaubte ich das zu verstehen, konnte er als Arbeiterführer nicht im Munde führen. «Wenn man dem erst einmal gewahr geworden ist ...» Ebenfalls ein Satz von ihm. Gern wählte er, wohl unbewusst, den kraftvollen Dativ, der zur Arbeiterfaust besser passt.

Der Mann könnte typisch sein für eine verbreitete Zerrissenheit unserer Gefühle. Alte Verben sind schick und vornehm, aber man will doch nicht gleich elitär klingen. Der richtige, uralte Genitiv wäre daher einfach zu viel der Nostalgie. Oder, um es mit einem anderen Bild zu sagen: Des Gewerkschaftlers altmodische Verben wirkten wie Oldtimer, die mit nagelneuem Motor fahren. Das Altertümliche ist durchaus angesagt, aber man muss es ja nicht übertreiben. Man sagt «eingedenk» oder «gewärtig sein», fährt aber mit dem neuen, bulligen Dativ vor.

Die genannten Wendungen (wie «sich entledigen», «gewahr werden») habe ich mir gemerkt. Es mag sein, dass der Mann auch noch sagte: «Dazu bedarf es einen langen Atem.» Korrekt gewesen wäre «Es bedarf eines langen Atems ...» Doch es klänge bei ihm gespreizt. Er ist zwar, wie man hört, ein Studierter, will das aber nicht so raushängen lassen.

Dennoch, er muss her, der Genitiv! Noch gilt er, noch ist er vorgeschrieben, obwohl wir vielleicht gerade sein Schwinden (bei einigen Verben) und damit einen historischen Sprachwandel erleben. Die Belege häufen sich. Ein Sportjournalist: «Der Favorit wird versuchen, dem Wetter Herr zu werden.» Ein Polizeisprecher in Köln: «Sobald man ihm habhaft wird.» Aus einem Kommentar im Fernsehen: «Es ist noch nicht klar, wie man den Opfern gedenken will.» Ein Zeitungsbericht: «Kaum jemand wollte sich dem Flüchtling annehmen.»

Soll man es dulden? Nein, ich habe das dringende Bedürfnis, das alles noch einmal hinzuschreiben, und diesmal richtig: Des Wetters Herr werden, seiner habhaft werden, der Opfer gedenken und sich des Flüchtlings annehmen. Der Genitiv klingt zwar allzu gewählt, aber auch die Ausdrücke selbst sind es, insofern passt der Genitiv zu ihnen.

Wenn wir schon von einer Hierarchie der Fälle reden wollen und der Genitiv auf dem Thron sitzt, so ist wiederum der Akkusativ vornehmer als der Dativ, der gleichsam den Prolo gibt. Er verdrängt seinerseits gern den Akkusativ, falls der etwas abgehoben klänge. Jeder Leser erlebt das oft: «Der Leichtsinn kam *dem* Unternehmen teuer zu stehen.» Eben, das ist ein Dativ, häufig drängt er sich hinein: «Das kostet dem Steuerzahler zehn Millionen Euro.» «Der neue Octavia könnte sogar dem Golf das Fürchten lehren.» «Ägyptens Filmemacher rühren furchtlos an den Tabus.»

Selbst wenn man gar nicht mehr weiß, mit welchem Fall man fortfahren soll, nimmt man gern den Dativ wie ein Passepartout. «Es ging um eine Flasche Sekt Marke Rotkäppchen, dem Lieblingsgetränk der DDR-Bürger.» Warum ist bei solchen Anschlüssen der Dativ beliebt? Zu ergänzen ist vielleicht so etwas wie «... das entspricht dem Lieblingsgetränk».

Den umgekehrten Fall, dass der Dativ verdrängt wird vom Akkusativ, gibt es wohl eher selten. «Auch die arme Verkäuferin wurde gekündigt», sagt man allerdings, wo doch «ihr» gekündigt wurde.

So verliert jeder Kasus an Einfluss, aber, sonderbar, nur um den Genitiv machen wir uns Sorgen.

VII Alles offenlegen

Anfang diesen Jahres

Man kann sich gar nicht genug darüber wundern, wie gut die Deutschen mit ihren verwirrenden Endungen zurechtkommen. Jeder ahnt, es heißt «Müllers größt*e* Verdienste», aber «seine größt*en* Verdienste». Kaum jemand weiß warum, aber fast alle machen es richtig.

Deshalb ist es erstaunlich, wenn sich ein Fehler auf diesem Gebiet wie eine Epidemie verbreitet. Innerhalb von ein paar Jahren, beginnend etwa 2002, ist das Sprachgefühl vieler Deutscher dahingerafft worden, wenn es um die Wendung «Mitte diesen Monats» geht. Denn richtig wäre allein «Mitte *dieses* Monats». Alsbald schon, etwa im Jahre 2005, schien die Hälfte der Deutsch Sprechenden in diesem Fall unsicher oder hatte die falsche Form gar als richtig übernommen. Das wirft Fragen auf.

Und Sie? Sie wissen doch auch nicht, wie es nun richtig ist! Nee, nee, nicht wirklich! (Ich höre es ja.) Gut, legen wir los.

Dazu müssen wir den sonderbaren Fall zunächst eingrenzen. Es geht vor allem um das Pronomen «dieser», und nur um den Genitiv. Und es geht hauptsächlich um Zeitangaben. Das schränkt den Fehler stark ein. Er tritt daher vor allem bei den (männlichen und sächlichen) Zeitangaben «Tag», «Monat» und «Jahr» auf, und er zeigt sich, da es um den Genitiv geht, fast nur bei Wendungen wie «Ende dieses Jahres» oder «Anfang dieses Monats». Hier sagt man heute vielfach «diesen»: Ende diesen Monats. Das scheint der neue Standard zu sein.

Die Fragen, die sich ergeben, lassen sich – leider, leider – nicht alle beantworten. Warum wurde die Abweichung vor allem bei Zeitangaben üblich? Warum also kaum bei Wendungen wie «ein Auto dieses Typs»? Und warum hat sich das so schnell verbreitet wie ein Lauffeuer oder wie eine Epidemie? Man weiß es nicht.

Beantworten aber lässt sich eine andere Frage, nämlich die, warum diese Abweichung naheliegt. Oder sagen wir es netter: diese populäre Neuerung. Sie scheint nämlich nur der vorläufig letzte Ausläufer eines recht alten Wandels zu sein. Bei den Adjektiven hat sich diese Veränderung über vier Jahrhunderte hin bereits allmählich vollzogen, nun scheinen die Demonstrativpronomen («dieser, jener») dran zu sein.

Ja, die Adjektive gingen historisch voran. Nehmen wir als ein Beispiel das Adjektiv «letzter». Wie alle Adjektive wurde es vor Jahrhunderten stark gebeugt (dekliniert), der Genitiv lautete früher «Anfang letztes Jahres». Alle Adjektive aber haben mit der Zeit – nur im Genitiv – die schwache Form angenommen. Heutzutage sagt man richtig «Anfang letzten Jahres». Wohlgemerkt: Bei Adjektiven!

Übrigens, wer die Sprache für unwandelbar hält, kann sich hier wundern. Aber es ist wirklich so! Noch vor zweihundert Jahren galt als richtig: «Sei frohes Sinnes und gutes Mutes!» Inzwischen ist das anders. Längst lieben wir im Genitiv die schwache Endung auf «-en». Ein paar Reste der alten (starken) Deklination finden sich nur in festen Wendungen wie «Neid ist die Wurzel alles Übels».

Was den Adjektiven recht war, scheinen die Demonstrativpronomen («dieser, jener») nun auch zu beanspruchen. Und die Versuchung für die deutsche Zunge, sie im Genitiv ebenfalls schwach zu beugen, liegt durchaus nahe. Denn es gibt so viele Zeitangaben mit *Adjektiven*: «Ende laufenden Monats» oder «im Sommer vorigen Jahres». Ganz richtig (denn «laufend» und «vorig» sind ja Adjektive). Und nun sagt uns plötzlich unser Sprachgefühl, ganz analog sei auch «im Sommer diesen Jahres» richtig. Obwohl es ein *Pronomen* ist.

Der Wandel liegt jedenfalls im Trend. Und er ist nicht einmal dumm! Was nicht heißt, dass wir ihn mitmachen müssen. Aber er bietet Gelegenheit, den Sprachwandel zu fühlen und ihn als Teil einer großräumigen Veränderung zu begreifen.

In diesem Fall können wir sogar sagen: Wir sind dabei gewesen.

Ist diese Bastion erst einmal geschliffen
Der ‹Spiegel› schrieb über die Evolutionstheorie und ihre Gegner in den USA. Da hieß es: Darwins Lehre gelte als «wichtige Bastion»,

und «ist sie erst *geschliffen* ...» Arme Bastion, man hat dich und damit Darwins Lehre zum Messer gemacht. Geschliffen! Wo es «geschleift» heißen musste. Einer meiner Lieblingsjournalisten schrieb über die Aufklärer: «Es war ihr Humor, mit dem sie die Zinnen selbst verschuldeter Frömmigkeit schliffen.» Schon wieder ein Messer, und wieder im Kampf um den Fortschritt. Nein, man hat die Zinnen *geschleift*.

Dabei dachte ich bislang, wenigstens diese Unterscheidung sei noch lebendig: Ein Messer wird geschliffen, ein Kleid schleifte auf dem Boden, und auch eine Festung wurde geschleift. Alles klar? Nicht ganz. Es war ein Hochseilartist, der mich ins Grübeln gebracht hat. Nach einer Fahrt hoch oben mit dem Auto auf zwei Seilen meinte er: «Das Rad hat am Seil geschliffen.» Das könnte ein Grenzfall sein. Hat das Rad am Seil gearbeitet und es dünn geschliffen? Wohl eher hat es am Seil gerieben, also geschleift?

Es gibt im Deutschen viele Verben, die nahe verwandt und schwer auseinanderzuhalten sind. Bei diesen Wortpaaren ist man Verwechslungen schon *gewohnt* (durch Gewohnheit vertraut), denn man ist an sie *gewöhnt* (angepasst worden).

Versetzen wir uns mit einigen Wortpaaren in die hohe Politik und betrachten wir sie vom Bundespräsidenten aus: Die Worte des Lebenslänglichen, der auf Gnade hofft, haben unser Staatsoberhaupt *bewegt* (Verb bewegen = eine Gemütsbewegung hervorgerufen) und ihn *bewogen* (Verb bewegen = veranlasst), das Gnadengesuch zu unterzeichnen. In einem anderen Fall hat er auf Reformen *gedrungen* (vom Verb dringen = auf etwas hinarbeiten) und das Kabinett zur Eile *gedrängt* (vom Verb drängen = jemanden nötigen).

Denn er ist nicht länger *gesonnen* (gewillt), der Regierung *wohlgesinnt* zu sein (eine freundliche Gesinnung zu haben). Er hat sie nicht in Sicherheit *gewiegt* (wie in einer Wiege), aber ihre Taten *gewogen* (vom Wiegen auf einer Waage), blieb ihr aber kaum *gewogen* (vom Verb wägen = prüfend bedenken, Gewicht haben).

Seine Rede hat dennoch viele *erschreckt* (in Schrecken versetzt), selbst die Kanzlerin war *erschrocken* (in Schrecken geraten). Auch diese Unterscheidung ist nicht immer einfach zu handhaben. In der

Presse wird dann über die Kanzlerin stehen: «Sie sah aus wie eine, die sich gerade über sich selbst erschrocken hat.» Nein, mit der Verbform «hat» geht es nur so: Sie hat sich selbst *erschreckt*. Oder man formuliert es mit «war»: Sie war über sich selbst *erschrocken*. Denn man *hat* andere (oder sich selbst) erschreckt, man *ist* (oder war) erschrocken.

Bleiben wir bei der Kanzlerin: Sie hat sich diese Kritik *verbeten* (ich verbitte mir …), aber sie kann sie nicht *verbieten*. Darüber muss sie sich im Klaren sein – oder sich spätestens jetzt darüber klarwerden.

Doch die Reform kam, das Kabinett hat sie *geschafft* (Verb schaffen = vollbringen) und etwas ganz Neues *geschaffen* (Verb schaffen = hervorbringen). So mancher Minister *hängte* seinen Beruf an den Nagel, und dort *hing* er dann, der Beruf. (Beide Verbformen von hängen.)

Liebe Leserinnen und Leser, alle diese Unterscheidungen ergeben eine ziemlich garstige Lektion. Ich meine auch gar nicht, dass man auf die Differenzierung dringen und seine Mitmenschen drängen sollte. Es reicht ja, die Fallstricke zu ahnen, über die man dann gleich fällt.

Ebenso reicht es mir, wenn meine Darlegungen Sie bewegt haben. Fühlen Sie sich zu nichts bewogen. Ich habe Sie nur gewiegt. Bleiben Sie mir gewogen.

Gewinkt und gewunken

Sage ich: «Ja, wir haben euch noch lange *nachgewinkt*», so sind meine Töchter verwundert. Wie kann ihr Vater eine so falsche Verbform verwenden, der müsste es doch besser wissen. Es heißt doch *gewunken*! Und mit dieser Meinung sind sie in bester Gesellschaft.

Eine Germanistin und Deutschlehrerin hat, als ich vor kurzem auf dieses Thema zu sprechen kam, mit tiefer Überzeugung darauf bestanden, allein richtig sei seit eh und je: gewunken. Nun ja, sie könnte im Duden nachschlagen. Der vermerkte noch vor zehn Jahren (Band 9, Richtiges und gutes Deutsch), «gewunken» gelte «standardsprachlich als nicht korrekt». Der neue Rechtschreibduden jedoch vermerkt nur: «gewinkt (häufig auch gewunken)».

Ich kenne kaum einen Sprachwandel, der sich so schnell und flächendeckend vollzogen hat. Innerhalb weniger Jahre ist das geschehen. Nicht einmal eine Erinnerung daran ist geblieben, dass es (bis etwa 1990) durchweg «gewinkt» hieß. Der Wandel ist ja wirklich nicht schlimm. Nein, er ist sogar belanglos. Nur dafür kann uns «gewunken» als Beispiel dienen, dass so manche Umstellung niemanden stört, weil sie von kaum jemandem auch nur bemerkt wird.

«Er kannte den *Hausherren* nicht.» Das scheint schon fast die übliche Schreibweise zu sein. Jedenfalls hat sich hier eine erhebliche Freiheit ergeben. «Das wird diesen beiden Herrn nicht gefallen.» Auch üblich. Der Unterschied zwischen «den Herrn» (Singular) und «den Herren» (Plural) verschwimmt. Mich hat das gewundert. Doch dann fiel mir während eines Gottesdienstes auf, dass es schon in dem imponierenden Danklied von Joachim Neander heißt: «Lobe den Herren, den mächtigen König der Ehren». Und das wurde 1680 gedichtet! Allerdings wird hier die Zweisilbigkeit gebraucht, schon wegen des Rhythmus und der Melodie. Lobe den «Herrn» wäre jedoch richtig.

Dann fiel mein Blick zufällig auch noch auf die Szene «Auerbachs Keller» im Faust. Dort lässt Goethe den Brandner sagen: «Ihr Herrn, gesteht, ich weiß zu leben!» Bei so viel altehrwürdigem Durcheinander der Schreibweisen verstummt der heutige Sprachkritiker. Nur der Duden muss dabei bleiben: «Der Plural lautet die Herren (nicht: Herrn).»

Wandel überall. Auch die Beugung ändert sich. «Mitten im *Herz* der Stadt», da hätte ich doch gern «im Herzen» gehabt. «Man hat den *Bär* einfach abgeschossen.» Traurig, traurig, auch weil man dem Bären gleich noch die Endung genommen hat. Beide Wörter gehören grammatisch zu den schwachen, werden also mit einer Endsilbe gebeugt. Reich entschädigt wird unsereiner jedoch durch die neuerdings schwache Beugung so ehrwürdiger Wörter wie Pastor und Autor. Heute fast üblich: die Predigt des Pastoren (statt: des Pastors); das müsste man «dem Autoren» mal sagen (dem Autor).

Während Herz und Bär jetzt also oft stark gebeugt werden, gelten Pastor und Autor heute als schwach (und erhalten eine Endung). Gekommen sein mag das dadurch, dass der *Motor* schon lange auf beide Weisen gebeugt werden kann. Der Plural heißt, je nach Betonung des

Wortes: die Motore oder die Motoren. Wer Mótor betont, wählt «die Motoren». Wer Motór sagt, wählt «die Motore».

Tatsächlich scheint mir die Aussprache Pastór und Autór üblich zu werden. Und dann ist es fast konsequent von «einem Pastoren» zu sprechen und von «dem Autoren». Das breitet sich aus: Dank eines großzügigen *Sponsoren* konnte man dem *Gastmoderatoren* ein Honorar anbieten.

Nur der Major bleibt standhaft. Er wird stark gebeugt: Das ist die Ehre *des Majors*, obwohl er wirklich am Ende betont wird. Wäre er ein Pastór, so würde er heute oft schwach gebeugt (des Pastoren). Aber: des Majoren? Nein! Er ist stark, darin ist er mit dem Humor verwand, jedenfalls was die Beugung angeht. Die Frau des Majors ist eine Meisterin des Humors. Offen gestanden, nur der Herr Major und sein Humor tanzen aus der Reihe von Pastór und Autór (wenn man sie so betont).

Konform mit Pástor und Áutor verhält sich der Tumor. Auf der ersten Silbe betont. Wer vom medizinischen Fach ist, weiß, dass der Plural «die Tumoren» heißt. (Nur wir Laien sagen Tumór, Plural «die Tumore».) Richtig ist im Genitiv: des Túmors.

Das alles muss man weder wissen noch richtig machen! Aber wenn Sie von einem jungen Mann reden, können Sie sagen: «Ich kenne den Typen.» Das gilt als üblich. Wenn Sie von einem Auto reden, wäre jedoch zu empfehlen: «Ich kenne den Typ.» Bravo! Dieser Unterschied muss sein.

Bitte noch Ihr Autogramm!
In einer Klatschspalte konnte man lesen: «Wie die US-Zeitschrift ‹People› berichtete, traute sich das Paar an einem Strand in Costa Rica.» Es *traute sich*! Hier hat sich offenbar ein alter Scherz verfestigt. Jahrzehntelang sagten oder schrieben Paare «Wir trauen uns», und dieses Wortspiel ist ja im Deutschen wirklich reizvoll. Nun wird es gleichsam offiziell und hat die Nachrichtensprache erreicht. Ironie wird normal. Das soll jetzt mein Thema sein.

Ein sympathischer Fußballspieler wird vom Platz getragen, es könnte etwas ganz Schlimmes passiert sein. Der Fernsehreporter sagt: «Das gönnt dem keiner.» Gemeint hat er natürlich «das *wünscht* dem keiner». Aber das Verb «gönnen» beginnt seinen Sinn zu ändern, denn eigentlich kann man anderen (oder sich) nur etwas Gutes gönnen. Allzu lange schon ist es jedoch üblich, wenn den persönlichen Feind ein Unglück trifft, ironisch zu sagen: «Das gönn ich dem.» Gemeint ist natürlich «das wünsch ich dem». Und nun beginnt das Wort «gönnen» wirklich die Bedeutung von «wünschen» anzunehmen: «Das gönnt dem keiner.»

Aus Scherz wird Ernst. Ein Aufsteiger erster Klasse auf diesem Weg ist der Bauch. Zunächst sagte man abfällig: «Das hat der aus dem hohlen Bauch entschieden» – willkürlich. Das richtige Gefühl hingegen, das hatte damals mancher «im Urin». Später hatte man es aber eher im Bauch. Eine *Bauchentscheidung*! Sie bekam allmählich einen guten Klang. «Ich hab so ein Bauchgefühl …», sagt man nun. Eine Schauspielerin versicherte jetzt: «Ich gehe an Rollen mit Herz und Bauch heran.» Da könnte man schon glauben, die Seele werde heute Bauch genannt.

Es war vor mehr als fünfzig Jahren auch ein gelungener Scherz, als man begann, das «Innenleben», das eigentlich einen gefühlvollen Menschen auszeichnete, auf ein Möbel anzuwenden («Ein Schrank mit interessantem Innenleben»). Inzwischen sagt man das sogar nur noch von Gegenständen: Ein Laptop mit reichem Innenleben. Was ein Scherz war, wird als normal empfunden.

Auf ähnliche Weise wurde der *Steckbrief* zur Kurzbiografie (etwa bei Bewerbungen), ein *Autogramm* wurde zur Unterschrift unter einen Vertrag («Bitte noch hier Ihr Autogramm.»). Dass das mal lustig war, wer hört das noch? Ebenso wird, wer auf die Rente zugeht, im Geschäft mit *junger Mann* angeredet, was freundlich klingen soll und sogar einmal fröhlich gemeint war. Natürlich wird solch ein Mensch nicht in den Ruhestand gehen, denn der ist zum Schimpfwort für Opatypen geworden. Er geht in den *Unruhestand*. Und bald ist er dann siebzig Jahre *jung*.

Scherze sind wirklich nur dann lustig, wenn man sie zum ersten Mal hört. Wiederholungen wirken erst schal, dann können sie dazu führen, dass aus dem Scherz Ernst wird. Irgendjemand hat um 1970 aus dem Adjektiv «lebensnotwendig» die Steigerung «*überlebensnotwendig*» gemacht, weil man damals das Überleben der Menschheit für gefährdet hielt. Es geht längst nicht mehr ohne diese nette Übertreibung. Um die gleiche Zeit hörte man auch: «Lotte hat wieder *zugeschlagen*», und wusste: Klamotten-Großeinkauf (oder ähnliches). Inzwischen ist das kein Scherz mehr, sondern ein Muss.

Noch ältere Einwanderer aus dem Land der Ironie haben es sogar geschafft, dass die Wörter, die einst von ihnen verdrängt wurden, gar nicht mehr lebendig sind: Eine Mannschaft zum Beispiel hat sich nicht gerade mit Ruhm *bekleckert* (das hieß mal: bedeckt). So war auch die Wortbildung *nichtsdestotrotz* einmal ein studentischer Scherz (richtig gewesen ist zuvor «nichtsdestoweniger»). Diese Wandlungen wären, finde ich, in *keinster* Weise (auf keine Weise) nötig gewesen. Aber sie sind als Normalität angenommen worden. Ebenso «Er schweigt sich darüber aus», was ursprünglich ironisch gemeint war, analog zu «er sprach sich darüber aus».

Noch recht neu ist der Scherz, den Boliden eines Fahrers der Formel-1 seinen *Dienstwagen* zu nennen. Und als das Radrennteam Telekom in Verruf geraten war, sagte man: «Jan Ullrich hat auf seinen *Dienstreisen* gedopt.» Dieser Humor könnte sich halten, für eine Weile, bis man auch ihn nicht mehr spürt. Ebenso darf, wenn der Karneval von Rio im Fernsehen übertragen wird, beim Anblick der Halbnackten keinesfalls das Wort *Dienstkleidung* fehlen.

Die Suppe verschüttete

Die Läden öffnen um neun, die Museen schließen um achtzehn Uhr. Das ist längst üblich geworden, auch unter dem Einfluss des Englischen. (Die Läden *werden* nicht mehr geöffnet, sie öffnen.) Und dieser Trend, Vorgänge aktiv zu benennen, setzt sich fort. Auch Maschinen und Geräte werden selbständig: «Es dauert zu lange, bis der Mechanismus auslöst.»

Früher hat eine Reederei Matrosen *angeheuert*, seit langem kann man als Arbeitnehmer durchaus selbst anheuern. Die Tätigkeit wird nun gleichsam aktiv ausgeführt («Ich habe vor zwanzig Jahren in Sindelfingen angeheuert»).

Auch *registriert* man nun selbst. «Eine Web-Seite, die Müller vorausschauend registriert hatte …» Zuvor hätte er die Seite für sich registrieren *lassen*. «In Bochum haben sich 450 Bürger registriert» heißt soviel wie «sie haben sich in Listen eingetragen». Sie selbst! Früher hätten sie sich eintragen (und damit registrieren) *lassen*.

Noch mehr erstaunt war ich über einen Satz von Günter Grass, mit dem er ein eigenes Kriegserlebnis geschildert hat: «Die Suppe *verschüttete*, doch ich kam leicht angekratzt nur und glücklich davon.» Nun übernimmt also die Suppe selbst ihr Verschütten. Und wir sagen uns, wenn ein Nobelpreisträger das so ausdrückt, dann muss der Ausdruck zulässig sein. Man sieht ja auch förmlich, wie aktiv sich die Suppe benommen hat.

Weit seltener scheint mir ein Wechsel ins Passiv vorzukommen. «Sony und Bertelsmann haben ihre Musiksparte *fusioniert*», diese Formulierung klang mir neu, ist aber in der Wirtschaft üblich. Die Sparten fusionieren nicht mehr, sie werden fusioniert, vor allem wenn es Töchter sind, die nicht selbständig agieren. «Die Tochter wurde inzwischen fusioniert.» Klingt ein wenig nach: Die Tochter wurde einverleibt. Aber es ist schon in Ordnung. Man kann auch sagen: «ist integriert worden» oder, noch weit moderner, mit einem Ausdruck der Medizin, «ist implantiert worden» (obwohl das etwas großsprecherisch wirkt).

Die Tendenz scheint mir jedoch, wie gesagt, dahin zu gehen, Verben mehr aktiv einzufärben. «Der neue Opel soll den Golf-Plus *konkurrieren*.» Damit bekommt das Verb einen eher dynamisch-aggressiven Sinn, fast wie «angreifen». Aus einer biografischen Skizze: «Andy Warhol *lebte* eine armselige Kindheit.» Man hätte ja gedacht, er hätte diese Kindheit «erlebt», aber diese Beschreibung schien der Autorin wohl nicht so recht auf den Mann zuzutreffen, der sein Leben gern gestylt hat. Also lebte er die Kindheit, aktiv.

Auch Dinge oder Vorgänge können zur tätigen Hauptperson werden, wie in diesem Satz eines Journalisten: «Der Klang einer Geige hängt auch ab von der Lackierung, und dieser letzte Schritt kann *ent-*

scheiden.» Auf mich wirkt das so, als entscheide dieser Schritt selbst. Dann wäre der Geigenbauer gleichsam entmachtet. Üblich ist ja die matte Verbform «... kann entscheidend *sein*», aber der Journalist wollte es aktiver sagen. Die Lackierung «ist» nicht nur entscheidend, sie entscheidet.

Ein Autoversicherer warb mit dem Satz: «Neues Auto? Dann kann auch die Kfz-Versicherung *wechseln*.» Wirklich? Eigentlich ist es ja der Halter, der die Versicherung wechseln kann, doch nun scheint es die Versicherung selbst zu können. Aus der Sicht des Versicherers ein verständlicher Wunsch: Die Police als handelnde Person. «Kunstsammlung erlöst stattliche Summe», man versteht – nur hatte bislang der Besitzer die Summe erlöst.

Verstanden habe ich auch, dass eine Werbeagentur sich mit den Worten anpreist: «Werbung, die verkauft.» Erwartet hätte man «... die verkaufen hilft», aber das war den Werbern wohl zu wenig. Eine auffallende Wende ins Dynamisch-Aktive sollte es sein: Werbung, die verkauft.

Ein anderer Reklamespruch rühmt Augentropfen. Und was bewirkt dieses Präparat? Da steht: «Beruhigt. Erholt.»

Nur so kann Politik gestalten

«Ab morgen *unterhalten* die drei Künstler in Oberhausen.» So stand es da: sie unterhalten. Nicht «sich» und nicht «ihr Publikum», sondern: sie unterhalten. Das ist modern. Eigentlich gehört «unterhalten» zu den ‹relativen Verben›, also zu denen, die eine Ergänzung brauchen. «Susanne küsst», das reicht uns nicht. Wir erwarten eine Ergänzung und hören «ihren kleinen Bruder». Die Schokolade liegt ... Pause und gespannte Stille. Im Kühlschrank! Aber die drei Künstler unterhalten. Basta.

«Dieser Politiker kann *zusammenführen*.» Doch, mehr wurde in diesem Satz nicht geboten. Was kann er zusammenführen? Gedanken, Themen? Gar Nationen? Nein, Menschen. Das musste (und konnte) man sich denken. Vom Wahlkampf in den USA hieß es: «Die Demokraten haben es leicht, gegen einen Mann zu *mobilisieren*, der

...» Wen sie mobilisieren, das bleibt ungenannt, wahrscheinlich die Meinung der Massen. Das Wort kann (unter Einfluss des Amerikanischen) absolut verwendet werden, so wie es bis 1914 hieß «mobil machen». Jeder verstand damals, ein Krieg wurde vorbereitet. Und seitdem mobilisiert man die Massen. Oder wenigstens Menschen. Wobei man das Objekt heute weglassen kann.

Wenn ein Verb aus der Gruppe der relativen Verben in die Gruppe der absoluten wechselt, klingt das nach Fachsprache. Und Fachsprache klingt gut. Bekanntlich lernt man in Patrick Süskinds ‹Parfum› einiges über die Herstellung von Duftessenzen. Auch ein Destilliertopf wird beschrieben, und schon heißt es: «Dann *beschickten* sie mit neuen, frischen Pflanzen.» Man meint zu hören, wie in Fachkreisen geredet wird: «Wir müssen wieder beschicken!»

«Wurzer, *übernehmen* Sie!» Da sind wir gleich bei der Kriminalpolizei. «Das ist ein Zwang, den das Grundgesetz in Artikel 51 *auferlegt*.» Klar, hier spricht ein Jurist. «Diese Richtlinien können später *angepasst* werden.» So klingt es bei der Verwaltung. Niemand wird fragen, was Wurzer übernehmen soll (einen Fall) oder wem das Grundgesetz etwas auferlegt (der Gesetzgebung, der Rechtsprechung). Und an was können die Richtlinien angepasst werden? Offenbar an neuere Entwicklungen oder Erfordernisse.

Fachwörter haben etwas Absolutes. «Die Summe haben wir Ihrem Konto *belastet*» (wohl parallel gebildet zu «Ihrem Konto gutgeschrieben»). Solchen Fachjargon muss man einfach ertragen. «Das ist ein Antikörper, der gezielt an weiße Blutkörperchen *bindet*.» Was? Der bindet? So redet man unter Forschern. «Das sind Abschnitte im Erbgut, die für die Synthese des Wirkstoffs *kodieren*.» Das muss so sein, gewiss. «Wir haben schon sechzig Neandertalergebeine *gescreent*.»

Ein Schulungsleiter lobt: «Die neue Regelung ist auch leichter *auszubilden*.» Den sonderbaren Satz «Ich habe letzte Woche ein Gefängnis *gedreht*», kann man nur von einem Kameramann hören (nicht einen Film, sondern ein Gefängnis hat er gedreht). «Die Resolution muss noch *abgestimmt* werden.» Das war von einem Ministerialbeamten. Eigentlich stimmt man sich mit den Kollegen ab.

Doch, so ein Verb, das plötzlich nicht mehr relativ ist, hat seinen absoluten Reiz. Als in Polen im Jahr 2006 die Zwillinge Lech (Staatspräsident) und Jaroslaw (Ministerpräsident) an die Macht gekommen waren, schrieb eine deutsche Zeitung: «Künftig *bestimmen* die Zwillinge an der Spitze.» Was, bitte, bestimmen sie? Nein, so darf man nicht fragen, das absolute «bestimmen» ist gerade recht. In Deutschland bestimmt bekanntlich der Kanzler (oder die Kanzlerin) «die Richtlinien der Politik», aber das ist eine Verlegenheitsformulierung. Die Zwillinge *bestimmen.* Punkt.

«Nur so kann Politik gestalten!» Bittender Aufruf eines Politikers, der mehr Spielräume einfordert. Politiker wollen «gestalten» – wobei uns auffällt, dass sie ungern sagen, was. Diese Allgemeinheit des Ausdrucks weckt in uns den unfreundlichen Verdacht, sie wüssten selbst nicht wirklich, was sie gestalten wollen. «Ich möchte gestalten», das klingt dann fast so wie der Sehnsuchtsruf des passionierten Autofahrers: «Ich muss los, ich weiß nur noch nicht, wohin!»

Das möchte ich mal offenlegen

Nach dem Tod des Spiegel-Gründers schrieb Chefredakteur Stefan Aust: «Rudolf Augstein wollte Öffentlichkeit herstellen, nicht mehr, aber auch nicht weniger.» Das Wort erinnert stark an die Sprache der Apo von 1967 und an die folgenden Jahre, als Studenten in Universitätsgremien eindrangen, um «Öffentlichkeit herzustellen». So ähnlich sah wohl auch Augstein die Aufgabe seines «Sturmgeschützes der Demokratie», wie er das Blatt gern genannt hat. Journalismus als «Go-in».

Sprachlich ist das gewiss korrekt, man kann Öffentlichkeit so gut «herstellen» wie Gerechtigkeit oder Ordnung. Zum Stoßseufzer treibt mich aber die spätere Angewohnheit zu schreiben: «Die Ergebnisse sollen vom Polizeipräsidenten demnächst *öffentlich gemacht* werden.» Das ist hart. Aber üblich. Vielleicht eine Eindeutschung des französisch eingefärbten *«publik gemacht».* Oder die Lehnübersetzung des englischen «go public» (She went public with the news). Warum dann nicht auf Deutsch: Sie geht an die Öffentlichkeit? Bleiben könnten wir auch bei dem alten «die Ergebnisse werden öffentlich *bekannt* gemacht». Aber nein: öffentlich gemacht.

Oder man liest: Das ganze Ausmaß von Kennedys Krankheit «wird erst jetzt öffentlich». Ja, ein einziges Wort könnte uns retten, wenn es hieße «wird erst jetzt öffentlich *bekannt*». Aber es fehlt. Ich finde, «öffentlich *werden*» ist genau so schwer hinzunehmen wie «öffentlich *machen*». Eine solche Formulierung hätte gar nicht erst öffentlich (gemacht) werden dürfen. (Mich erinnert sie immer noch an Wendungen, die einmal üblich waren: «Er macht es öffentlich, andere machten es nur in den eigenen vier Wänden.» Aber das war etwas anderes.)

Nicht besser ist «*offenlegen*». Ein Prominenter etwa klagt: «Die Bildzeitung hat mein Gehalt offengelegt». Und zu Beginn des zweiten Irakkrieges lautete die Forderung allgemein, die Beweise gegen den Irak offenzulegen. In gewohntem Deutsch hätte es gelautet: «… die Beweise vorzulegen», sie öffentlich darzulegen. Oder gar: aufzudecken. Nein, «aufdecken» geht wohl nicht, weil man das von Skandalen sagt. Aber «veröffentlichen» ginge: «Abgeordnete müssen ihre Nebentätigkeit veröffentlichen.» Bravo! Aber immer «… öffentlich machen». Oder «offenlegen».

Mein Unbehagen an *Offenlegen* rührt auch daher, dass unsere Sprache schließlich zwischen «auf» und «offen» unterscheidet. Das ist eine alte Schulweisheit: Ich mache das Fenster auf, dann steht es offen. Demnach benennt «auf» eine Bewegung, «offen» einen Zustand. Gut, ich räume ein, die Regel gilt nicht so ganz, denn meinetwegen (und nach dem Sprachgefühl der meisten) darf ein Fenster auch «auf» sein. Auch darf die Tür *auf*bleiben. Schon recht.

Nur der umgekehrte Fall kann einem völlig gegen den Strich gehen, wenn nämlich «offen» einen Vorgang bezeichnen soll. Es heißt natürlich nur: *auf*decken, aufplatzen, aufbrechen, aufspüren oder aufmachen. Nun jedoch soll der Vorgang des Aufdeckens plötzlich «offenlegen» heißen. Nein, ich kann die Spielkarten offen auf den Tisch legen, sie liegen dann offen da. Aber ich kann sie wirklich nicht «offendecken». Auch nicht «offenlegen». Das ist so! Und das müssen wir nicht – liberal, wie wir sind – offenlassen (richtig), das muss nicht offenbleiben (richtig). Offen ist ein Zustand!

Ich glaube, das liegt offen zutage. Und warum schreiben die Journalisten dennoch Sätze wie diesen: «Es hat Fehler gegeben, das legt der Verteidigungsminister in einem internen Bericht offen.» Warum? Man könnte schreiben: Der Minister legt das dar, er deckt es auf, er räumt es ein, er macht es klar. Meinetwegen gesteht er es auch ein, gibt es zu ... Aber immer «legt offen».

Ja, er legt es offen dar! Das ginge doch. In diesem Zusammenhang hat «offen» nämlich eine etwas andere Funktion. Es bezeichnet die Art und Weise, wie es dargelegt wird, etwa: freimütig, unumwunden, bereitwillig ... Das ginge.

Angesichts des falschen «offen» wünscht man sich geradezu Apo-Zeiten herbei, in denen es nur um *«öffentlich* machen» ging. Sprachlich nicht wirklich hart. Ich sollte meine Bedenken gegen «offenlegen» mal öffentlich machen. Mit einem Go-in bei deutschen Zeitungsverlagen.

... der vorige Woche gestorben war

In der Zeitung kann man Überschriften lesen wie «Marcus Meyer *tot*». Ich empfinde diese knappe Art, den Tod zu melden, immer noch als leicht brutal. Und entsinne mich gut, wie ich diese harte Formulierung zum ersten Mal gelesen habe (in den Sechzigern). Vorher hätte das geheißen «Marcus Meyer *gestorben*». Aber das war wohl für einen Einspalter zu lang, wenn es auch irgendwie humaner klang.

Die Meldung selbst beginnt noch heute altmodisch so: «In der Nacht zum Dienstag ist der bekannte Ehrenvorsitzende Marcus Meyer ... gestorben.» Denn im Artikel hat man noch Platz für das passende Wort «gestorben». Im Lauf von ein paar Tagen jedoch verändert sich die Formulierung, und ich bin nicht mehr ganz zufrieden. Da liest man: «Meyer, der in der vorigen Woche gestorben *war*». Oder auch: «Der Ehrenvorsitzende *war* Anfang März gestorben ...»

Es ist dieses «war», das mich immer wieder aufscheucht. Denn ich frage mich dann: In der vorigen Woche *war* er noch gestorben. Und jetzt? Vor Tagen *war* er offenbar tot. Und inzwischen ist er – wieder da? Wir sind uns wohl einig, dass man im Deutschen mit «war» einen

Zustand bezeichnet, der nicht mehr anhält: «In den Neunzigern war er in unserem Segelfliegerclub.» Deshalb kann es verwirrend sein, zu lesen: «Vor einer Woche war er gestorben.» Nein, für mein Empfinden «ist» und bleibt er gestorben, weil dieser Zustand anhält. Die moderne Kurzform der Meldung, «… ist tot», mag ein wenig brutal sein, aber sie drückt die bleibende Gegenwart wenigstens klar aus.

Immerhin tilgt die Zeit fast alle Fehler, will sagen, bei Gedenktagen schreibt die Presse noch immer zu Recht: «Heute vor fünfzig Jahren *ist* er … gestorben.» Man kann es auch anders ausdrücken («starb er»), aber niemand käme auf die Idee, «*war* er gestorben» zu schreiben.

Wie es zu dem «war» kommen konnte, ist leicht zu erklären, denn oft ist das Wort ja am Platze. Etwa in diesem Satz: «In der vorigen Woche war er verunglückt, ist aber auf dem Weg der Besserung.» Das klingt gut und ist richtig, denn das Unglück ist Vergangenheit. Das Gestorbensein jedoch bleibt. Deshalb wäre es nicht passend zu schreiben: «In der vorigen Woche war er verstorben und ist inzwischen beerdigt worden.»

Ich vermute noch ein zweites, unbewusstes Motiv für das störende «war». Zeitungen weisen gern darauf hin, dass sie eine Meldung schon gebracht haben («wir berichteten»), so dass ein Journalist nach einer Woche glauben könnte, die Wortfolge «der verstorben *ist*» wirke auf den Leser wie eine (verspätete) erste Nachricht. Darum schreibt er «war» im Sinne von: «Das war schon, das hatten wir schon!»

Ein Toter aber *ist* und bleibt verstorben. Es sei denn, wir entnähmen nun wiederum dem Nachruf, den die Zeitung dem besagten Ehrenvorsitzenden gewidmet hat, etwas ganz anderes. Dort könnten wir lesen «Der Verstorbene begann ein Maschinenbaustudium …» Doch wäre diese Karriere eine andere Geschichte (in manchem Nachruf hat ein gerade Verstorbener noch viel unternommen).

Zurück zum Thema ‹die Presse und das Tempus›, denn es ist ergiebig. «Das Gericht sah es als erwiesen an, dass der 21-Jährige seine Tante bestohlen *hatte*.» Hatte? Er hat! Und das bleibt so. Den schreibenden Journalisten beschlich wohl das Gefühl, «er hat sie bestohlen» hätte so etwas Gegenwärtiges. Darum schreibt er «hatte». Muss er aber nicht. Der Mann *hat* seine Tante bestohlen. Das bleibt, und es ist fast wie Gegenwart.

Gänzlich gewöhnt haben wir uns an das Präteritum in Schlagzeilen. «Bürgermeister *besuchte* Hundertjährige». So steht es da, obwohl im Deutschen eigentlich im Perfekt erzählt wird: «Er hat sie besucht.» Aber das Präteritum ist kürzer und passt besser in eine Überschrift. Auch unter englischem Einfluss wird es beliebter. «Merkel eröffnete Messe» oder «Einbrecher entkam Polizisten».

Am liebsten aber schreibt die Presse in der Gegenwartsform: «Giftwolke zieht über Innenstadt». Man liest es morgens und möchte die Fenster schießen, aber es ist nur jenes falsche Präsens, mit dem die Zunft der Druckerschwärzer eine Aktualität vortäuschen möchte, wie sie bei Radio und Fernsehen schon am Tag zuvor geboten wurde. «Einbrecher räumen Geschäft aus», das könnte uns zu der Frage veranlassen: Ja, greift denn keiner ein? «Pitbull beißt Kleinkind.» Immer noch?

«Sprachkritiker verprügelt Redakteur.» Doch, das lassen wir mal so stehen.

Ich war damals noch jung gewesen

Mein freundlicher Handwerker entschuldigte sich dafür, dass er nicht hatte kommen können: «Ich war krank gewesen, ich hatte die Grippe gehabt.» Wer so spricht, fällt kaum noch auf. Diese verstärkten Formen der Vergangenheit (war … gewesen, hatte … gehabt) könnten uns etwas umständlich oder übertrieben vorkommen und sind doch fast schon Standard. Richtig sind sie nicht.

Erzählt der Mann von früher, dann geht es genauso: «Ich war damals noch neu in Hannover gewesen, aber ich muss sagen, es war eine gute Zeit für mich gewesen.» Es wirkt ein wenig so, als könnte er kaum einen Satz ohne das entscheidende Wort beenden: «Das war für andere durchaus ein Problem gewesen.»

Aber ich tue ihm unrecht, so eintönig ist er nicht, es gibt bei ihm noch ein Gegenstück, nämlich «gehabt». Etwa so: «Meine Eltern hatten wenig Geld gehabt.» Was der tüchtige Handwerker vorbringt, ist das Plusquamperfekt, die Vorvergangenheit. An sich eine gelungene Form, nur passt sie nicht immer. Der Mann meint auch nicht die Vorvergangenheit, wenn er so spricht.

Was da entsteht, ist die Zusammenballung von zwei Verbformen. Richtig wäre entweder «Meine Eltern hatten wenig Geld» oder «Meine Eltern haben wenig Geld gehabt». Beides lässt sich leider leicht kombinieren. Man beginnt mit dem üblichen «Meine Eltern hatten wenig Geld» und lässt zur Bekräftigung, dass es doch schon etwas her ist, ein «gehabt» nachklappen. Auf gleiche Weise kann (bei Verben, die mit «sein» gebildet werden) das «gewesen» nachklappen. «Ich war damals noch Junggeselle ...» Doch dann kommt zur Verstärkung «gewesen!» hinterher. Damit steht mein Handwerker keinesfalls allein.

Aus einem statistischen Rückblick: «Im Jahre 2006 waren es nur 4000 Tonnen gewesen.» Nein, es *sind* so viel gewesen oder es *waren* so viel. Wenn ich mir diese Zitate ansehe, habe ich selbst schon halbwegs den Eindruck, ich liefe nur alten Zeiten hinterher und das Gebrandmarkte könne der neue sprachliche Standard sein.

Was durch diese Ballung herauskommt, ist, wie gesagt, das Plusquamperfekt, das man nur verwenden sollte, wenn etwas zu erwähnen ist, was noch *vor* dem sonst Erzählten liegt. Nehmen wir wieder ein Beispiel aus der Zeitung, denn dort findet sich die Doppel-Moppelei fast genauso oft wie beim Reden. Über den Ozeanriesen «Queen Elizabeth 2» habe ich gelesen: «Das Schiff *war* 1969 gebaut worden und gilt mittlerweile als Legende.» Dieses «war gebaut worden» ist Vorvergangenheit, man braucht es hier nicht. Es reichte «*ist* gebaut worden» oder «wurde gebaut».

Nur wenn wir zwischen Bau (1969) und Legende (2007) noch eine mittlere Zeitebene einführen, brauchen wir für die Bauphase die Vorvergangenheit. «Das Schiff war 1969 als Dampfer gebaut worden, wurde 1984 auf Dieselantrieb umgestellt und gilt mittlerweile als Legende.»

Ohne Zweifel, es gibt einen starken Drang, die Vergangenheit zu betonen, auch da, wo nichts vergangen ist. Gerade biographische Daten bleiben! Zur Abwechslung nenne ich jetzt gute Beispiele: «Der neue Präsident, der auch schon Gouverneur der Staatsbank *gewesen ist*...» – «Menschen, die nicht belegen können, dass sie Zwangsarbeiter *gewesen sind*, gehen leer aus.» Damit wir uns richtig verstehen: Man könnte stattdessen gut sagen « ... dass sie Zwangsarbeiter *waren*». Unschön ist nur die übliche Verdoppelung «gewesen waren».

Viel häufiger aber wird das noch durchaus Gegenwärtige in die Vorvergangenheit gesetzt: «Angela Merkels Herz schlug für die Brandenburger Spielerinnen aus jener Region, in der sie aufgewachsen war.» Nein, sie *ist* dort aufgewachsen. Sonst könnten wir von ihr auch sagen: «Sie *war* in Hamburg geboren.» Nein, sie ist es und sie bleibt es.

VIII Das Or-ginal

Schlecht, billig und gemein

«Man sagt ‹schlecht und recht›, was ist damit gemeint», fragte meine Freundin, die aus Sri Lanka stammt, «entweder schlecht oder recht, finde ich.»

«Das Wort ‹schlecht› hat», antwortete ich, «seine Bedeutung sehr verändert. Ursprünglich hat es nur ‹einfach› bedeutet, nichts Schlechtes also. Sein Sinn war, genau genommen, ‹eben, geglättet›, wie heute ‹schlicht›. Vor Jahrhunderten, als prunkvoll geschmückte Gebrauchsgegenstände oder Möbel hoch im Kurs standen, wurde leider alles, was einfach, eben und geglättet war, als minderwertig angesehen. Das Wort sank ab.»

Sie sah mich an. Hatte ich was vergessen? Ach ja. «Schlecht und recht», sagte ich schnell, «meint nur ‹einfach und angemessen›. Erhalten hat sich die Wendung, weil sie ein Reim ist. Schlecht und recht, das bleibt im Ohr.» Meine Freundin aus dem fernen Land schüttelte den Kopf: «Alles merkwürdig», meinte sie, «und was ist mit dem Wort ‹schlicht›?» – «Das Wort war lange Zeit nur eine Variante zu schlecht», sagte ich, «und hat – als ‹schlecht› sank – dessen Stelle eingenommen.»

Gleich hatte sie noch ein zweites Thema: «Was bedeutet ‹das ist nur recht und *billig*›, das sagt man ganz zustimmend. Wie kann ‹billig› etwas Gutes bedeuten?» Ja, einige Sonderbarkeiten des Deutschen fallen wohl nur noch denen auf, die diese Sprache spät gelernt haben. «Billig hat eine ähnliche Wortgeschichte hinter sich», versuchte ich das zu erläutern, «es hieß die längste Zeit so viel wie ‹angemessen, passend›. Und daher kann man im Deutschen immer noch, wenn man zustimmt, etwas ‹billigen›.»

Nun wollte sie noch wissen, wieso denn auch dieses hochstehende Wort abgestürzt ist. «Über die Preise», antwortete ich, «denn die fairen, die angemessenen Preise einer Ware nannte man ‹billig›. Besonders die niedrigen Preise waren von Händlern als angemessen, als ‹billig› ausgerufen worden. So nahm das Wort die Bedeutung ‹minderwertig› an. Vorher hatte man ‹wohlfeil› gesagt, am Ende hieß ein günstiger Kauf verächtlich ‹billig›. Übrigens, das über hundertjährige Bürgerliche Gesetzbuch schreibt bis heute beim Schmerzensgeld von einer ‹billigen Entschädigung in Geld›, was manche angehenden Juristen stutzen lässt.»

Damit war die Vorlesung zu Ende, sie war zu ausführlich geraten. Ein Sprachkritiker braucht für eine Glosse wenigstens drei Beispiele. Zwei Wörter hatte mir meine Freundin damit geliefert: «schlecht» und «billig». Und irgendwann bot sie mir das passende dritte.

Da fehlte ihr eine Erklärung für das Wort «gemein». Sie finde es ziemlich gemein, sagte sie, dass man Pflanzen so nenne, zum Beispiel die *gemeine* Wegwarte. Früher habe man auch von einem «gemeinen Soldaten» gesprochen.

Mein drittes Fundstück, da war es! Danke. Und ich erklärte es so: «Was heute ‹böse, von übler Gesinnung› heißt, eben ‹gemein›, ist früher nur das Gewöhnliche gewesen, also das Gemeinsame. Und als das Gewöhnliche dem feinen Bürgertum ebenso wenig gefiel wie alles Schlichte oder Billige, da sank auch ‹gemein› ab.»

«Dann hat also», sagte die Frau aus Sri Lanka, «die *Allgemeinheit* nichts mit der Gemeinheit zu tun. Und eine *Gemeinde* ist nicht eine Versammlung von gemeinen Menschen.» Mit der deutschen Sprache, gab ich zu, sei es schon schwierig. Und wir waren uns einig: Wortgeschichte ist zugleich Sozialgeschichte.

Man glaube zu erkennen, sagte meine Freundin, wie die Oberschicht den Ton angibt und die Bedeutung von Wörtern definiert: «Wenn der Geschmack dieser vornehmen Leute sich verfeinert, nennen sie das Einfache ‹schlecht›, das Angemessene ‹billig› und das Gewöhnliche ‹gemein›. Die Ansprüche steigen, die Wörter fallen.»

Hunde verstehen kein Kirchendeutsch
Schon als ich an der Haustür stand und klingelte, bellte der Hund von innen, heftiger als nötig, schien mir. Der Hausherr öffnete, sah mich

freundlich an, hielt mit der einen Hand die Tür auf, mit der anderen war er knapp über den Fliesen der Diele und hielt den Kläffer niedrig. Während mein Gastgeber mir, weiterhin tief gebeugt, herzliche Worte der Begrüßung sagte, sprach er auf das laute Tier ein: «Ist ja gut, ist ja gut!» Der Haushund aber legte bei jedem dieser Worte von neuem los.

Bald stand ich drinnen, aber mein Gastgeber streichelte weiter seinen erregten Hund und rief ein ums andere Mal: «Ja, ja! Ist ja gut!» Nun muss ich zugeben, dass ich nichts von Hunden verstehe, ich konnte mich jedoch in dieses Exemplar hineinversetzen. Wenn ich so gestreichelt (und auf diese Weise doch wohl belohnt) würde, hätte ich auch mit dem Bellen weitergemacht. Dazu noch immer dies «Ist ja gut!» Kannte das Tier vielleicht das Wort «gut»? Könnte ja sein. Es hat so was Ermunterndes.

Überhaupt, warum sagt man eigentlich «Ist ja gut!» – ausgerechnet wenn ein Tier (oder ein Mensch) endlich aufhören soll? Klingt doch eher zustimmend, oder? Es ist wohl die moderne Kurzform von «Lass ab, lass gut sein!» Und was bedeutet das nun wieder? Das ist Kirchendeutsch. Irgendwie biblisch. «Lass gut sein!», das sagte man früher flehend zu jemandem, der mit dem Bestrafen gar nicht mehr aufhören wollte. «Lass gut sein, es ist gut, es genügt!» Der Sinn, obwohl in aller Demut nicht direkt ausgesprochen, war: «Es reicht!» Noch deutlicher: «Hör auf!» Oder gar: «Hör endlich auf!»

Mein hochkultivierter, christlich geprägter Gastgeber wird diese Zusammenhänge gekannt haben – gekannt, aber nicht durchschaut. Und so blieb er sanft und streichelnd, während er den Hund behandelte wie einen zürnenden Herrn: «Ist ja gut, ist ja gut!» Das Tier kann diese Herkunft der Worte und ihren eigentlichen Sinn kaum verstanden haben. Die erregte Kreatur konnte nur das aufmunternde Streicheln empfinden und das «gut…, gut…!» hören.

Als wir uns den Flur entlang bewegten, wechselte der Mann das Vokabular: «Sei lieb, sei brav!» Und mir schien, als überfordere auch dieses «sei» (grammatisch eigentlich ein Imperativ) das Verständnis des Hundes. Diese Aufforderung, sein Verhalten zu ändern, kam bei ihm wohl ebenfalls nicht deutlich an. Er mag nur «lieb, brav!» gehört haben, und beruhigte sich daher erst, als er aus dem Salon ausgesperrt war, in dem ich Platz nehmen durfte. Die Dame des Hauses kam mit Tee.

«Ich kann das Bellen auch nicht leiden», sagte der Hausherr. Diesmal waren seine Worte eindeutig, leider hörte der Hund nicht mehr zu. Aber warum sagt man, wenn man zustimmen möchte, mit fast den gleichen Worten «Das *mag* ich leiden»? Wir überlegten. Hier fehlten ihm, meinte er, die Kenntnisse, «leider Gottes».

Wir sahen uns alle drei abwechselnd an. Warum sagt man «*leider Gottes*»? Wir grübelten, dann brachte die Gastgeberin vor: «Ich glaube, ich habe mal gehört, das ist die Kurzform zu einer Art Beteuerung, so ungefähr ‹bei dem Leide Gottes›. Das könnte doch sein.» Wir Männer fanden das einleuchtend. (Ich habe später nachgesehen, es stimmt.)

Weil diese Deutung ebenso erstaunlich wie willkommen war, sagte ich «Danke!», und sie sagte «Bitte!». Dann eine Pause. Doch, bitteschön, warum sagt man im Deutschen «bitte», wenn jemand sich bedankt hat? Wir wussten es diesmal alle nicht. Im Italienischen heiße es – auf ein «Gratie!» hin – auch «Prego!», meinte der Gastgeber. Es kam uns so vor, als wolle man damit sagen: «Bitte – keinen Dank!» So wie man neuerdings den Dank zurückweist mit einem (nicht immer nett klingenden) «Dafür nicht!»

Wenn man einmal angefangen hat, über deutsche Wendungen nachzudenken, findet man kein Ende. «Im Hotelgewerbe», sagte ich, um das Thema abzuschließen, «lernen die jungen Leute jetzt auf ein ‹Danke› zu antworten mit ‹Gern!› Ist doch nett!» Der Hausherr knurrte, das sei sehr amerikanisch, «you are welcome», und kam nun wirklich zur Sache.

«Ist ja gut!», sagte ich noch schnell.

Ich kann nicht klagen
«Na, wie geht's?» – «Ich kann nicht klagen!» Dieser kurze Dialog mag echt deutsch sein, typisch deutsch. Es gibt vielleicht nichts, was deutscher wäre. In welchem anderen Land, in welcher anderen Spra-

che könnte es Menschen geben, die ihre Lage so beschreiben: «Ich kann nicht klagen!» Als wollten sie, aber könnten leider nicht.

Diese gängige Redensart, die uns keiner nachmacht, passt zu einer Mentalität, die aufs allgemeine Wehklagen aus ist. Zwar mag es auch in anderen Nationen so sein, dass die Bauern über das schlechte Wetter und die anstehende Missernte klagen, die Beamten über die viele Arbeit und die Kaufleute über die schlechte Konjunktur. Dennoch, wahrscheinlich sind wir Weltmeister im Klagen. Jedenfalls konnte man in den neunziger Jahren – und darüber hinaus – auf diesen Gedanken kommen.

Entstanden sein mag die Wendung aus einer vornehmen und fast ironischen Haltung, einer Art Understatement: «Kein Grund zur Klage!» Was dann geheißen hätte, es gehe blendend. Ja, ein wenig mit Scherz und Schärfe, fast hochmütig vorgebracht: «Ich *muss* mich wirklich nicht beklagen!» – es wäre zu schön, wenn *das* der Ursprung gewesen sein könnte. Sozusagen eine nationale Rettung.

Aber dann hat sich diese Antwort – in ihrer muffigen Variante – durchgesetzt, als Siegerin unter all den anderen, ebenfalls unsinnigen Formulierungen, die im Angebot sind, wie «Muss ja!» oder «So lala», «Geht so!», «Bin zufrieden» oder «Es geht mir gut». Ausgerechnet das unsinnigste Stück! Stattdessen antwortete man wohl am besten nur mit «Danke, und selbst?», um dem anderen zu zeigen, wie überflüssig seine Frage war.

Die deutscheste Antwort («Ich kann nicht klagen») ist so sonderbar, dass sie schon vor zwei oder drei Generationen zu der scherzhaften Behauptung geführt hat, das könne nur die Antwort eines Anwalts sein, der gefragt wurde: «Wie geht es?» und antwortete: «Schlecht, ich kann nicht klagen!» So in dem Sinne: «Ich kann keine Klage erheben!»

Manchmal geht die Formulierung auch schief. Im ‹Spiegel› wurde ein amerikanischer PR-Profi zitiert, der für seinen Klienten, wie er sollte, einen riesigen öffentlichen Wirbel erzeugt hatte und zufrieden feststellte: «Wir können uns über Aufmerksamkeit nicht beklagen». Irgend etwas stimmt an dieser Übersetzung nicht. Es müsste «über *mangelnde* Aufmerksamkeit» heißen oder wenigstens «über *die* Aufmerksamkeit», nämlich die, die erreicht wurde. Aber über «Aufmerksamkeit» kann sich ein PR-Mann nie beklagen, denn die will er ja entfachen.

In der ‹Zeit› fand sich das Foto zweier Soldatinnen und die Unterschrift: «Keine Probleme bei den Panzerpionieren: Dajana Schüllow (links) und Annika Müller können über Diskriminierung nicht klagen.» Das sollte man gewiss *nicht* so verstehen: «Sie wollen, aber sie können nicht.» Gemeint war auch nicht: «Sie haben davon reichlich!» Doch es klingt wirklich ein wenig so, wie man auch sagt «... können über das Essen nicht klagen». Sie wären dann damit zufrieden. Viel und gut!

Der Ursprung der Bildunterschrift mag ein Dialog gewesen sein. Reporter: «Gibt es Diskriminierung?» Antwort: «Wir können nicht klagen.» Mir scheint, dass der richtige Sinn nur in diesem Kontext erhalten bleibt. So unsinnig die Antwort – auch hier – bleibt, in diesem Zusammenhang ist sie eingeübt und eindeutig. Man sollte sie nicht in einen Satz zwängen, schon gar nicht in eine knappe Bildunterschrift. Dann wird der Sinn zerbrechen.

«Ich kann nicht klagen!» verträgt offenbar kein angehängtes Attribut. Der Satz: Die Soldatinnen «können über Diskriminierung nicht klagen», scheint mir daher nicht zu retten. Über «zu viel Diskriminierung»? Nein. Über «zu wenig Diskriminierung»? Schon gar nicht. Oder «gerade richtig viel»? Bestimmt nicht.

Offenbar ist es nicht einfach, eine solch absurde Redewendung in einen vernünftigen Satz zu bringen. Geben wir es auf.

Das Mannequin und die Mode

Die Kultur ist über Jahrhunderte nach Westen gewandert. So haben wir Deutschen tausend Ausdrücke aus dem Französischen übernommen (Trottoir, Billet, Friseur), und die Russen wiederum von uns so manches (Schlagbaum, Postamt, Perückmacher oder Butterbrot). Aber ein paar Wörter sind auch von uns nach Frankreich gegangen, verschwindend wenige. Ausgerechnet der typisch französische Schick, also *chic*, ist auch ein bisschen deutsch. Gut, zuerst war das Wort ganz französisch, das Verb «chiquer» bedeutete, eine Zeichnung aufs Papier werfen, spritzig und flott. (Das Wort stammt vom lateinischen Granatapfelkern, ciccum.)

Aber dann sollen einige Franzosen, die nicht weit von der deutschen Grenze lebten, unser Wort «schicken» kennen gelernt haben, auch «schick» im Sinne von «was sich schickt». Und so soll das Verb «chiquer» zu seiner neuen Bedeutung gekommen sein: passen, schmücken. Dieser französische «chic» kam dann, es war Mitte des 19. Jahrhunderts, zu uns zurück. Die Eleganz und verfeinerte Lebensart unserer Nachbarn hatte bei uns gerade Hochkonjunktur. Unser altes «schick» wurde zu «chic» und bald schrieb man es bei uns wieder «schick». Das war wohl Geschick, war Schicksal.

Mit Zufriedenheit haben die Deutschen auch oft festgestellt, dass die bewunderten breiten Straßen in Paris *boulevards* heißen, benannt nach den (geschleiften) Befestigungsanlagen, auf denen sie teilweise errichtet wurden. Und diese Anlagen hatten ihren Namen vom niederdeutschen Wort «bolwerk». Das Wort wanderte über das Niederländische nach Frankreich ein. Ja, selbst der «bourgeois», der Bürger, hat seinen Namen von der Burg (als der befestigten Siedlung), und dieses Wort ist wohl ebenfalls echt germanisch.

Weniger stolz war man auf die Entdeckung, dass das *Bordell* zwar aus dem Italienischen und Französischen zu uns kam, aber es soll eigentlich «kleine Bretterbude» bedeuten und auf das «Bord», also ein niederdeutsches Brett oder Wandbrett, zurückgehen. Nein, da hat man sich doch lieber, als der Einfluss Frankreichs noch stark war, an das *Mannequin* gehalten. Dieser Inbegriff der schicken Modewelt! Das Wort jedenfalls stammt aus dem Niederländischen und meint eigentlich die hölzerne Gliederpuppe, die man zum Nähen und Präsentieren von Kleidung verwendete. Es ist ein Männchen, die Verkleinerung des holländischen «man». «Manneken» ist bei uns bekannt durch die Brüsseler Brunnenfigur «Manneken pis» von 1619.

Dass ein hölzernes Männchen, dem man Kleider überzog, also ein «mannequin», zur lebendigen Frau werden konnte, die auf dem Laufsteg Mode vorführt, ist schon merkwürdig. Weder in Frankreich noch hier in Deutschland wurde wohl später verstanden, was ein Mannequin ist, so ging das Wort durch. Hier sagte man für die Damen, die Modellkleider (also Modeentwürfe) vorführten, später auch eingedeutscht Vorführdame, was natürlich entsetzlich altmodisch klingt (außerdem nach *Ver*führdame). Aber das Wort war immer noch besser als «Modell», denn ein Modell war für die Maler oft ein Aktmodell. Und daher war die Auskunft «Sie arbeitet als Modell» nicht eindeutig genug. Nachdem wir Deutsche uns vom Französischen ab- und dem Englischen zugewandt haben, ist auch die Sprache der Mode Englisch, und daher heißt das Mannequin nun Model. (Übrigens das deutsche Wort Model (mit langem «o») kann auch eine technische Form sein, beispielsweise zum Drucken oder eine Hohlform, etwa zum Backen.)

Etymologisch wird es nun etwas verwirrend, aber alle diese Wörter stammen vom lateinischen «modus» ab (was «Maß, Art und Weise» bedeutet): das Modell, das (englische) Model, das (deutsche) Model und die Mode. Gleichen Ursprungs sind noch das Moderieren (es kommt von moderat, gemäßigt) und selbst das Wort «modern».

Die Mode ist immer modern (die Worte sind eben verwandt), nur eins passt nicht dazu, der Moder, aus dem der bekannte Modergeruch aufsteigt. Der stammt nicht vom lateinischen Modus ab, sondern von einer germanischen Wurzel, die soviel wie Schmutz und Schimmel bedeut haben könnte. Das Verb «modern» schreibt sich, zur Freude von Pessimisten, wie das Adjektiv «modern».

Wie die Orange nicht in den Tee kam

Besonders gute Teesorten werden «Orange Pekoe» genannt, und mancher Genießer möchte gern wissen, was das mit der Orange zu tun hat. Er wird von Herstellern und Experten belehrt: Gemeint ist die hellorange-goldene Farbe der Knospen und des ersten Blatts beim Pflücken. Nein, sagen andere, der Tee heißt so nach der Farbe in der Tasse! Man kann auch lesen: Im alten China hat man den Tee mit Blüten des Orangenbaums verfeinert, daher der Name.

Alles falsch. Die Etymologie, also die Herleitung eines Wortes, wird von vielen Laien betrieben, im Brustton der Überzeugung. Richtig ist: Diese Teesorte heißt nach dem niederländischen Herrscherhaus Nassau-Oranien. Die erste Schiffsladung Tee kam nämlich schon 1610 nach Holland (nur die Portugiesen kannten ihn schon früher). Und das Fürstenhaus durfte den besten Tee probieren.

Wie aber kamen diese Adligen an ihren Namen? Darüber gibt es keine Spekulationen, denn das ist historisch klar. Die Grafen von Nassau (das liegt an der Lahn) erbten 1530 die südfranzösische Stadt Orange und das gleichnamige Fürstentum. Fortan nannte sich das Haus «Oranien-Nassau». Bald stieg es zur ersten Familie in den Niederlanden auf und erhielt später die Königswürde.

Auch in Deutschland haben sie ihren Namen hinterlassen. Der brandenburgische Ort Bötzow an der Havel wurde 1652 umbenannt in Oranienburg. Denn die Gattin des Kurfürsten war eine Oranien-Nassau und hatte in Bötzow ein Schloss erbauen lassen. Eine ähnliche Geschichte hat auch der Ort Oranienbaum, der bis 1673 Nischwitz hieß. Die Niederländer haben aus dem Namen ihres Königshauses sogar eine nationale Farbe gemacht, «oranje», Symbol auch der Fußballnationalmannschaft.

Bleibt noch zu fragen, woher die süß-saftige Orange denn ihren Namen hat. Nicht von der gleichnamigen Stadt! Sie stammt aus China, wurde aber in Europa unter ihrem persischen und arabischen Namen «narang» bekannt. Auf Spanisch heißt sie ja auch noch Naranja. Im Französischen wurde das verändert zu «pomme d'orange». Es wird vermutet, das «o» sei in das Wort geraten, weil es so schön an das französische Wort für Gold, nämlich «or» anklingt. Und so ist die Frucht dann bei uns angekommen, als Orange. Keine Frage ist, dass die Farbe nach der Frucht benannt wurde.

Wir kennen die Orange auch unter dem Namen Apfelsine. Das Wort haben wir von den Holländern übernommen, die «appelsien» sagten, heute auch «sinaasappel». Es bedeutet chinesischer Apfel, denn «Sina» war damals eine geläufige Variante zu China. Und von dort stammt die Frucht wirklich (jedenfalls in ihrer süßen, bald allein üblichen Variante). Noch heute soll in Deutschland die Bezeichnung «Orange» mehr in Süddeutschland, «Apfelsine» mehr im Norden und Osten üblich sein. So kann man noch Nähe und Einfluss von Frankreich oder Holland erkennen.

Bleibt der Orang-Utan zu erklären. Dieser Affe, ein so genannter Schwingkletterer aus Borneo und Sumatra, hat nichts mit der Stadt Orange oder mit der Orange zu tun. Sein Name stammt vom malaiischen «orang utan», und das bedeutet Dschungelmensch. Von Europäern, die im 17. Jahrhundert das Wort hörten, wurde es auf die Affenart übertragen.

Da die selbstherrlichen Wortdeuter jedoch, wie gesagt, unter uns sind, habe ich mir auch schon erzählen lassen, diese Affen turnten gern auf Orangenbäumen. Ach ja?

Mailand, Armbrust, Felleisen

Wahrscheinlich sind wir Deutschen Weltmeister im Bemühen, fremde Namen korrekt auszusprechen. Wie klingt Béla Bartók richtig? Soll man wirklich «Borrtohk» sagen, um das Ungarische nachzuahmen? Und wo liegt die Betonung bei Caracas? (Auf dem zweiten «a».) Manche wollen es richtig machen, doch manchmal wirkt man dabei bemüht.

Auch die Stadt Kopenhagen muss nicht København geschrieben und «Köbenhaun» ausgesprochen werden. Unser «Nimwegen» werden uns unsere holländischen Nachbarn verzeihen, auch wenn sie selbst Nijmegen schreiben und das «Neimechen» aussprechen. Sie sehen uns auch nach, dass wir von Holländern reden (statt von den Niederländern). Ebenso sind und bleiben wir für die Franzosen Alemannen und für die Engländer Germanen.

Schon gar kann es mit der Korrektheit übertrieben werden, wenn Städte, anders als altgewohnt, nun doch Wroclaw, Praha, Bratislava oder Strasbourg heißen sollen (statt Breslau, Prag, Pressburg oder Straßburg). Die Originalnamen sind nur im internationalen Reiseverkehr sinnvoll, damit nichts verwechselt wird. Wie unbekümmert waren hingegen unsere Vorfahren im Mittelalter! Sie machten aus Milano ein Land des Maien (Mailand) und aus Firenze ein florierendes Florenz. Das konnten die Italiener ebenso gut und nannten Frankfurt «Frei-stark» (Francoforte). Das unaussprechliche München wurde für sie zum mundgerechten Monaco (di Baviera), womit sie den Wortsinn bewahren. «Munichen» bedeutete «bei den Mönchen».

Vielleicht ging es etwas weit, als vor Jahren unsere führende konservative Zeitung immer «Neu York» schrieb. Aber noch heute darf es ein bisschen deutsch sein, wenn wir vom Genfer See sprechen (Lac Léman) oder von Peking (statt dem neuen Beijing). Ebenso muss es nicht englisch aussehen, wenn wir Tokio oder Simbabwe schreiben. Und Mexico-City sollte Mexiko-Stadt sein.

Ja, unsere Vorfahren waren geradezu kindlich verspielt, wenn sie sich fremde Tiernamen zurechtlegten. Der norwegische Bergkater «Fjeldfross» ist von Pelzhändlern aus Deutschland zum «Vielfraß» umgedeutet worden. (Eine Familie von Vögeln heißt hingegen auch wissenschaftlich «Nimmersatt».) Das alte «murmento» wurde zum Murmeltier, die Affengattung mit dem langen Schwanz, die vermutlich auf Altindisch «markáta» hieß, zur Meerkatze. Das «Meerschwein» gibt es bekanntlich auch. Damit bezeichnete man noch im Mittelalter die Delphine, später das Stachelschwein, schließlich, in der Verkleinerungsform, die niedlichen Nagetiere. Die kamen übers Meer, haben sonst aber mit dem Meer eher wenig zu tun.

Man kann sich denken, dass auch die *Grasmücke* keine Mücke ist. Althochdeutsch war es noch eine «grasa-smugga», die sich in das Gras schmiegt. Aber das Ohr hat seine eigene Deutung herausgehört: Mücke. Auch bei den Pflanzen finden sich schöne Eindeutschungen. Aus dem Levisticum wurde *Liebstöckel* (das Maggikraut), das eigentlich nach der norditalienischen Landschaft Ligurien heißt. Aber Liebstöckel, das klingt romantischer. Und die *Schattenmorelle*? Sie soll nichts mit dem Schatten zu tun haben, sondern ein verballhorntes «Chateau Moreille» sein. Im dortigen Schlossgarten ist diese Sauerkirsche wohl zuerst gezüchtet worden.

Man kann sich an diesen naiven Umdeutungen freuen, finde ich. Aus einem alten Wort, das mit «valise», dem französischen Koffer, verwandt ist, wurde das *Felleisen*, ein lederner Reisesack oder Tornister. Aber nix mit Fell und Eisen! Die *Hängematte* entstammt dem karibischen Wort für das Schlafnetz, hamáka, das schon Kolumbus kennenlernte. Niederländer machten es zur «hangmat», was wir dann übernahmen. Die *Armbrust,* ein Schussgerät, hat mit Arm und Brust nichts zu tun, sondern ist die Umdeutung des alt-französischen «arbalestre». Das bedeutete Bogenschleuder. Verschossen wurden Pfeile, Bolzen oder Kugeln.

Besonders lustig klingt es heute in unseren Ohren, dass aus dem *Dromedar* ein Trampeltier wurde. Ein Tier, das trampelt! Die Bedeutung hat sich allerdings verschoben. Noch im 16. Jahrhundert hießen bei uns alle Kamele Trampeltier (eben nach dem Dromedar). Das Dromedar ist das einhöckerige Kamel; es ist im Orient zu Hause und heißt bei Zoologen Camelus dromedarius. Das fremde, aus Innerasien stammende zweihöckerige Kamel (Camelus ferus) wird bei uns heute offiziell Trampeltier genannt.

Also haben beide Arten doch irgendwie den gleichen Namen, bei uns jedenfalls. Das eine heißt Dromedar, das andere (eingedeutscht) Trampeltier – und beides sind Kamele.

Krupp war kein großer Esser

Vor Zeiten, als Krupp – in seiner Stadt Essen! – noch der erhabenste Name im deutschen Stahl war, erzählte man sich im übrigen Ruhrpott, echte Bierfreunde würden sich am Stammtisch so zuprosten: «Wat Krupp in Essen, dat sin wir in Trinken!»

Es wäre trotzdem nicht richtig, Krupp als großen Esser zu bezeichnen, denn die Einwohner von Essen nennen sich mit Grund «Essener» (betont auf dem ersten «e», im Gegensatz zu jenen Mitgliedern einer Sekte am Toten Meer, die seit dem Fund der Schriftrollen berühmt sind, die Esséner). Die Essener mögen gute Esser sein, aber heißen als Einwohner durchaus nicht «Esser». Doch mit dem Namen der Stadt darf man spielen: In Essen ist gut essen.

Wie die Einwohner genannt werden, wenn der Name ihrer Stadt auf «-en» endet, ist nicht immer eindeutig festgelegt.

Ich kenne eine resolute Frau aus dem ostfriesischen Emden, die jeden unterbricht, der von der «Emdener Kunsthalle» spricht. Dann sagt sie kurz und laut: «Emder! Es heißt ja auch Bremer!» Mit dem Hinweis auf die Bremer, speziell auf die Bremer Kunsthalle, hat sie völlig recht, nur nicht mit der Annahme, aus diesem einen Beispiel sei schon eine Regel ableitbar. Da sei Essen vor! Etwa das Essener Museum Folkwang. Vielleicht sollte ich künftig der Emderin entgegnen: «Es heißt aber nicht Esser!»

Noch vor zweihundert Jahren hat man tatsächlich fast alle Städtenamen verkürzt. Das «-en» am Schluss wurde ausgelassen, damit sich der Name für Einheimische und Fremde besser sprechen ließ. Die Einwohner von Gießen waren die Gießer und die von Aachen waren die Aacher. Seit dem 19. Jahrhundert aber gibt es eine Tendenz, schön korrekt zu bleiben und das Schriftbild möglichst zu erhalten. Deshalb bleibt heute bei einigen Städten der volle Name stehen: Gießener, Aachener, Hagener und Münchener (was man auch zu «Münchner» verkürzen darf).

Die Essener haben, wie erwähnt, einen besonderen Grund, sich nicht zu verkürzen. Bei einigen Städten schwankt der Gebrauch, dazu gehört sogar Emden (schönen Gruß nach Emden), ebenso Uelzen. Man kann also auch Emdener und Uelzener sagen. Die berühmten Steinplatten aus Sonthofen kann man Sonthofer oder Sonthofener Platten nennen.

Gerade die langen Namen sollte man wirklich kürzen. Ich bin in Göttingen aufgewachsen und habe dennoch nie gemerkt, dass die Namen «Göttinger Wurst» oder «Göttinger Universität» eine Verkürzung bieten. So selbstverständlich ist einem das, wenn man damit groß wird. Erst später, als ich mal in Braunschweig war, sah ich das Straßenschild «Fallersleber Torwall» und stutzte. Man kennt doch seinen Hoffmann von Fallersleben! Daher dachte ich zunächst, der Name sei verschrieben, es müsse «Fallerslebener» heißen. Und das ich, als Göttinger!

Welche Form für die Einwohner sich durchgesetzt hat, hängt auch von den festen Begriffen ab, die sich eingeprägt haben. Die Aachener Printen sind so bekannt wie das Binger Loch. Wir kennen die Barmer Ersatzkasse, den Steinhäger (einen Schnaps aus Steinhagen), vielleicht ebenso den Kaufunger Wald nahe Kaufungen.

Auch wenn mir jetzt keine Spezialitäten mehr einfallen, nenne ich die Eisleber, Melsunger, Erlanger, Mühlhäuser und Saarbrücker. Sie alle würden sich die Zunge brechen, wollten sie eine weitere Silbe einfügen.

Die mundgerechten Formen sind immer willkommen. Hingegen ist mir die Tendenz, die Länge der Stadtnamen zu erhalten («Erlangener»), eher fragwürdig. Und außerdem – wir haben uns die Wanderin oder die Ruderin ja auch mundgerecht gemacht. «Wandererin», das geht gar nicht. Wenn die Ruderin gekentert ist, ist sie eine Kenterin. Wenn sie deshalb mit dem Schicksal hadert, eine Haderin – ich bitte um Entschuldigung, denn allzu viele Beispiele gibt es für diese Verkürzung nicht.

Wenn ich bedenke, was praktisch ist, muss ich meiner Emderin halbwegs recht geben. «Emder Kunsthalle», das hat viel für sich.

Nicht an Prinzip-chen int-ressiert

Die deutsche Zunge will manches nicht aussprechen. «Es regnet» ist zu schwierig und wird zu «es re-gent» umgeformt, was stark an den Regenten erinnert, der, obwohl ein Fremdwort, uns leicht über die Lippen geht. Der «eignet» sich für unser Mundwerk, was aber, sobald das Wort gesprochen wird, als «ei-gent» hörbar wird.

Mit Lehnwörtern ist es noch ärger. Etwa der Februar ist wirklich nicht für Deutsche gemacht und klingt bei uns wie «Febu-rar» oder «Febe-rar». Wie das «r» seinen Platz in einem Wort tauscht, ist übrigens aus der Sprachgeschichte gut bekannt; so haben unsere Vorfahren aus dem lateinischen «fenestra» mundgerecht ein Fenster gemacht.

Wenn es schlimm kommt mit den Fremdwörtern, lassen wir einen Buchstaben aus, meist einen Vokal, etwa beim «Original». Das gerät uns fast immer zum «Or-ginal». Und wird auch gern mal so geschrieben. Vor fast hundert Jahren gab es sogar eine Fabrik für Spülkästen, die ihren Namenszug auf den gusseisernen Dingern prangen hatte: «Orginal». In Erz gegossen.

Da will «or-ginell» nicht zurückstehen. Auch nicht die Bibl-othek oder die Prinzip-chen (klingt wie die zärtliche Anrede «mein Prinzchen») oder die Bronch-en, denen irgendwie ebenfalls ein Vokal fehlt.

Ganz heikel, wenn der Arzt sagen muss: «Wir wollen die Bronch-en rön-tchen.» Warum musste der Erfinder auch Röntgen heißen, ausgerechnet. Davon lässt sich ein Verb schlecht ableiten; es lautet daher auch auf Französisch «radiographier», auf Englisch «to x-ray».

Mit den Lehnwörtern «Idee» oder «Materie» will es noch gehen, obwohl es bei der Materie mit dem langen «e» schon mühsam ist. Bei den Ableitungen «ideal» und «Material» aber wird es ganz, ganz schwierig. Das lange schöne «e» verschwindet dann und macht einem «i» Platz. Heraus kommt dies: idi-jal und Matri-jal. Jedenfalls in Norddeutschland kann man das kaum anders hören.

Damit wir uns richtig verstehen, es ist ganz erlaubt und sogar zu empfehlen, sich die Brocken mundgerecht zu machen. Die Einwanderer aus anderen Sprachen sollen sich ruhig ein wenig assimilieren. Nur leider bleibt deren Schreibweise erhalten! Als Kinder hören wir zum Beispiel, dass es «amisüren» heißt und «Döezese», dann aber sollen wir «amüsieren» schreiben und «Diözese».

Hatte der Vater seiner Fünfjährigen noch zugerufen: «Das int-ressiert mich nicht!», so muss das arme Kind ein paar Jahre später schreiben lernen: «interessiert». Hoffentlich bringt es genug Int-resse auf für solche Feinheiten.

Ein wahrer Zungenbrecher ist «Kommunikation». Das Fremdwort haben wir Deutschen mit Grund gemieden, obwohl es schon im achtzehnten Jahrhundert zum gelehrten Wortschatz und zum Bürostil gehörte. Dann aber kam es mit Wucht aus Amerika auch zu uns. Die Angelsachsen hatten es sich rundgeschliffen durch eine Aussprache, die ungefähr wie «komm-juni-käschn» klingt. Sehr elegant. Ob wir nicht auch ein «j» einmogeln und das «i» am Ende weglassen sollten? Irgendwie muss sich unsere Zunge helfen. Wahrscheinlich lassen die meisten von uns das «u» einfach fort, ebenso auch ein bisschen das «i», so dass «komm-nika-tzjon» herauskommt. Und das wird gut verstanden.

Zungenmäßig auf Stromlinie bringen wir ebenso das Wort «identifizieren». Das wird oft wie «in-dentifizieren» ausgesprochen (und manchmal auch so geschrieben). Allerdings kann ich mich selbst damit nicht indentifizieren. Ahne ich doch nicht einmal, warum das «n» dort, gleich zu Beginn, so beliebt ist. Vielleicht stammt es von «infizieren» oder von «indifferent».

Fremdwörter färben ja oft aufeinander ab. Verständlich, dass Referenz und Reverenz leicht verwechselt werden, gerade in der flotten Rede. Aber auch die anpreisenden Adjektive «eminent» und «immens» sind zu Brüdern in der Aussprache geworden. Die Leute haben sich, so meine ich herausgehört zu haben, darauf geeinigt, dass beide Worte mit einem langen «i» beginnen. Sozusagen eine Kreuzung aus dem langen «e» des einen und dem kurzen «i» des anderen Wortes.

Zudem haben beide ihren Akzent nun ganz vorne, was ja auch zu ihrer emotionalen Funktion passt. Das ist «ih-minent» wichtig, heißt es dann, leider auch «ih-mens» teuer. Als sinngleich behandelt werden beide sowieso. Das eine bedeutet allerdings nur *herausragend* (eminent), das andere gleich *unermesslich* (immens). Doch wen intressiert das schon.

St. Martin in the fieltts

Unvergesslich, wie damals Bundeskanzler Kohl das englische Wort «job» ausgesprochen hat. Er sagte: «Der hat einen tollen Tschoppp gemacht.» Gut, damit steht er wahrlich nicht allein. Im Deutschen müssen die Konsonanten knallen, vor allem am Schluss. Aber bei ihm fiel es mir besonders auf, gerade weil sein Pfälzisch sonst weich ist.

Der Gouverneur von Kalifornien, der geborene Österreicher Arnold Schwarzenegger, wird von manchen seiner Mitbürger ebenfalls belächelt, wenn er neue Tschopps verspricht. Es ist genau dieses Wort, dessen Aussprache vielen Kaliforniern bei ihm besonders deutsch erscheint. In englischen Comics steht übrigens in Sprechblasen, wenn Deutsche auftreten, «in the worltt» (world) oder «Englantt» (England). So erkennt man uns.

Einen Endkonsonanten weich aussprechen, das können wir nicht. Und brauchen es im Deutschen auch nicht zu können. Wir schreiben zwar «Bild» oder «Gold», aber gesprochen wird das mit einem «t». Daher reimt sich: «Soviel Gold, wie ihr wollt». Das Gleiche gilt vom «g» am Ende, das immer ein «k» ist: «Arg, aber stark». Ebenso wird das «b» als «p» ausgesprochen: «Der Vogel ist lieb und macht piep.»

Hinderlich ist diese Gewohnheit nur, wenn wir andere Sprachen zu sprechen versuchen. Manche unter uns nennen ihre Kinder «Kids», was sich aber bei ihnen wie Rehkitz anhört. Und der «Gag» klingt bei ihnen wie der eitle Geck. Den meisten ist diese Eigentümlichkeit kaum bewusst. Darum kann man hübsche englische Reime im Einzelhandel finden. Ein Modegeschäft für Mollige nennt sich «Big und schick». Wahrlich kein englischer Reim (gereimt hätte sich hingegen «dick und schick»). Ein Laden für Kindersachen wirbt mit «Hits for kids». Ein Billiganbieter preist sich so an: «Neue Trends für wenig Cents». Mir fehlt in meiner Sammlung nur «Fast food schmeckt gut», aber wahrscheinlich habe ich das bloß noch nicht erspäht.

Radiohörer kennen das berühmte Barockorchester aus London, gegründet von Neville Marriner, «St. Martin in the fields». Ich habe es im Programm noch niemals passend angesagt gehört. Es heißt bei uns «... in the fieltttts», eigentlich sogar mit «tz», also «in the fieltzzzz». Schade, denn die bieten wirklich einen irren Saunttt (sound) und spielen gleichsam in der musikalischen Tschämpienß Liekk (champions league).

Doch bitte, keiner meiner Leser, der sich auf Englisch so mühsam verständlich macht wie ich, soll sich nun angewöhnen, bei der Aussprache immer weich zu enden. Bloß nicht! Sonst ... Nehmen wir an, Sie hätten in England in einem Lokal Ihren Hut vergessen, spätestens dann müssten Sie lernen, zwischen «hat» und «head» zu unterscheiden. Sonst erlebt der Wirt einen Menschen, der seinen eigenen Kopf sucht. (Hier ist aber auch der a-Laut verschieden: hæt und hed.)

Leider gibt es im Englischen auch Wörter, die mit einem Zischlaut beginnen. Etwa «city». Der Zug der Deutschen Bahn wird dennoch manchmal butterweich als «inter-sity» ausgesprochen. Und den Titel der legendären Fernsehserie «Sex and the city» konnte man bei uns auch echt genuschelt hören – als ginge es da um die Sechs und die Sittlichkeit.

Wir Deutschen haben den Amerikanern vor bald zweihundert Jahren das Wort Rucksack geschenkt, das in den USA als «rucksack» überlebt hat. Dieser Export muss eine List der Geschichte gewesen sein, denn mit der Aussprache haben die Amerikaner kein Problem. Wir auch nicht. Unser Glück. Auch das übliche Wort «backpack» ist noch etwas für unsere Zunge. Doch nun ist unser Rucksack von unzähligen Herstellern aus aller Welt ins Englische übersetzt worden. Überall trifft man auf einen «backbag». Wir sind verloren.

Denn da muss selbst die gutwilligste deutsche Zunge kapitulieren und bleibt gern – ruckzuck! – beim Rucksack.

IX Glimpf und Schimpf

Von freundlichen Versorgern betreut

«Ihr Energieversorger ist für Sie da». Das Wort schmeichelt mir, *Energieversorger*, das hat schon immer meine Sympathie geweckt. Ein Freund versorgt mich, und das auch noch mit Energie. Ein Rundum-Wohlfühl-Paket, wie man es aus der Werbung kennt. Und es hat lange, allzu lange gedauert, bis ich das Wort «Versorger» durchschaut habe. Offenbar mochte ich die Lüge, die es transportiert, nur allzu gern glauben.

Dann aber dämmerte mir, dass es sich bei den «Versorgern» um Monopolunternehmen handelt, überall in Deutschland. Sonst könnte sich so ein Riese ja auch als «Anbieter» bezeichnen, der mir ein marktgerechtes Angebot macht und um mich wirbt. Nein, tut er aber nicht. Er liefert, und ich bin ihm ausgeliefert. Die Krake schmeichelt mir daher, sie streichelt mich und säuselt: «Ich versorge euch, meine Lieben, ich bin für euch da.» Versorger, ein PR-Wort, eine Selbstbezeichnung, eine lächelnde Maske, die sich überall durchgesetzt hat. So wie diese Unternehmen gesehen werden möchten, so werden sie – kritiklos – auch allgemein genannt: Energieversorger. Allenfalls mal «Energiekonzerne».

Etwas Ähnliches ist bislang nur dem Privatfernsehen gelungen. Diese so genannten *Privaten* haben sich selbst so genannt und flüstern uns damit zu, dass sie etwas Besseres seien. So wie die Privatbrauerei, die Privatbank oder die private Krankenversicherung. Die anderen, das sind die «Anstalten», die ebenso öffentlich-rechtlich sind wie Heil- und Pflegeanstalten und lange auch fast so hießen. Die machen allerdings die Rede von den «Privaten» nicht mit und sprechen vom «Kommerz-Fernsehen». Was die Sache wohl eher trifft als der Lockruf «die Privaten».

Den selbst ernannten «Versorgern» entspricht die *Entsorgung*. Auch so ein Schmeichelwort. Abfallentsorgung! «Machen Sie sich keine Sorgen, wir entsorgen das.» Abfallberge, Abwasser, sogar Atommüll, «wir entsorgen das für Sie». Diese Sorge ist uns Bürgern also abgenommen. Auf diese Weise sind wir zugleich versorgt und werden entsorgt. Dürfen also glauben, dass all dies unsere Sorge nicht sein muss.

Eine ähnlich schöne Lüge war nur noch vor drei Jahrzehnten die *Schwangerschaftsunterbrechung*. Das Wort klingt nach dem Trost «wir unterbrechen kurz, es geht gleich weiter!» Bald wurde zu Recht der «Abbruch» als ehrliche Bezeichnung üblich. Ein Hauch von Unrecht liegt nur noch über der «Geburtenkontrolle», die meist eine Geburtenverhinderung ist. Aber es bleibt daneben der Sinn: «Wir bekommen unsere Kinder kontrolliert.»

Zu Unrecht in Verdacht gerät hingegen die *Menopause*, die gern verspottet wird mit Worten wie «Pause ist gut! Es ist das Ende.» Doch muss man wissen, dass im Lateinischen, aus dem der Fachausdruck abgeleitet ist, die Pause (pausa) wirklich die Ruhe und das Ende bedeutet. Aus dem Latein, der Fachsprache der Medizin, kam das Wort direkt ins Deutsche. Und das, obwohl sich die alte «pausa» bei uns schon im Mittelhochdeutschen zur «Pause» mit der Bedeutung «kurzes Innehalten» verengt hatte.

Wer sich, wie ich es versucht habe, gegen die Versorger und Entsorger auflehnt, der kann auch die *Betreuung* nicht übergehen. Das Wort hat in der Nazizeit einen Beigeschmack von «Entmündigung» bekommen, so stand es nach 1945 im «Wörterbuch des Unmenschen». Der verdienstvolle Dolf Sternberger nannte Betreuung «diejenige Art von Terror, für die der Jemand – der Betreute – Dank schuldet». Harte Worte, doch erreicht hat Sternberger nichts. Vierzig Jahre später schrieb er: «Wie mit tausend Pfoten greift von allen Seiten ‹Betreuung› nach uns, und es scheint immer größerer Aufwand an persönlicher Widerstandskraft erfordert, sich diesen Zudringlichkeiten zu entziehen.» Er schloss resigniert, «die Karriere dieser Vokabel» sei «ungeheuerlich».

Tatsächlich preisen Seniorenresidenzen «betreutes Wohnen» an, die Funktionäre um einen Spitzensportler nennen sich «Betreuer», und genau so heißen jetzt die, die früher «Vormünder» waren. Offenbar empfand der Gesetzgeber das Wort «Vormund» (das es nur noch bei Jugendlichen gibt) als beleidigend, sobald Erwachsene damit scheinbar entmündigt werden. Daher fand das Wort «Betreuer» Eingang in die Rechtssprache, weil es besser zu klingen schien als der Vormund.

Dennoch sollten wir wachsam bleiben, wenn sich uns Versorger, Entsorger und Betreuer empfehlen.

Wir laufen auf der Zielgeraden

«Man muss die Wirtschaftsleute zu deuten verstehen», sagte mir ein erfahrener Redakteur, «das sind nämlich Leisetreter.» Ich bat um Beispiele und erfuhr: Wenn ein Unternehmen darauf brennt, ein bestimmtes anderes zu schlucken, dann sagt der Boss, der darauf angesprochen wird, ohne irgendeine Regung erkennen zu lassen: «Ich kann mir eine solche Transaktion vorstellen.» Oder auch nur: «Das wäre für uns sicherlich von Interesse.» Keine Gefühle zeigen, schon gar nicht die eigene Gier. Und wenn es zu Fusionsgesprächen kommt, heißt es verblümt: «Wir möchten da eine aktive Rolle spielen.» Jeder, sagte mein Fachmann, verstehe das richtig: Man möchte fressen und nicht gefressen werden.

«Und was ist mit der Konkurrenz?», wollte ich wissen. «Auch nur Samthandschuh», sagte mein Kenner. «Die Konkurrenz heißt natürlich nie so, sondern: ‹Wettbewerber› oder gar ‹Marktbegleiter›. Deren Firmen werden verschwiegen, man will ja keine Werbung für sie machen.» Auch Urteile werden nicht gefällt, allenfalls heißt es mal: «Die sonst auf dem Markt angebotene Qualität möchte ich nicht beurteilen.» Es klingt immer so, als wollte man sich einer Bewertung entziehen. «Darin einen Vorteil des Mitbewerbers zu sehen, fiele mir schwer.» Oder, wenn es um die Umweltfreundlichkeit des eigenen Unternehmens geht: «Dass die Energiebilanz woanders ähnlich gut aussieht, kann ich nicht erkennen.» Selbst auf Branchengerüchte reagiere man möglichst sanft, etwa so: «Das wird uns gern nachgesagt, es stimmt aber nicht.»

«Und wie, bitte, verkauft man schlechte Nachrichten?» Mein Experte lachte. «Als eine gute Nachricht!», sagte er dann. «Schlecht» sei nie etwas, höchstens heiße es, «die Ausgangslage sei nicht leicht». Zugegeben wird auch mal, es gebe «eine Herausforderung auf der Umsatzseite», was bedeutet, dass der Umsatz rückläufig ist. «Mit der Ertragslage sind wir noch nicht zufrieden.» Wenn man das sagt, ist sie beinahe katastrophal. Zur Beruhigung heißt es dann: «Einen Anlass zur Dramatisierung sehe ich jedoch nicht.»

Meinen Gesprächspartner amüsierte diese Schönfärberei. Zu hören ist auch: «Da könnte man einiges verbessern», aber das ist schon die äußerste Konzession an die Wahrheit. Als milder und daher beliebter gilt: «Daran müssen wir arbeiten, und wir tun das.» Oder: «Wir haben die Defizite erkannt, und die Weichen sind von uns neu gestellt worden.»

Noch lieber lässt man jedoch in Wirtschaftskreisen erkennen, dass die Zahlen steigen werden: «Wir gehen zuversichtlich in die Zukunft.» Dabei werden auch die eigenen Leute herausgestrichen: «Unsere Mitarbeiter sind zunehmend informiert und qualifiziert, das neue Konzept glaubwürdig voranzubringen.» (Wobei man sich denken kann, wie wenig sie bislang qualifiziert waren.) «Wir laufen auf der Zielgeraden und stärken der Mannschaft den Rücken. Die Umsatzziele werden dieses Jahr erreicht.» Die Umsatzziele könnten, sagte mir der Wirtschaftsredakteur, niedrig sein, Hauptsache, sie würden erreicht. Das klinge immer so schön triumphierend.

Er bewunderte, wie knapp manchmal die Antworten ausfielen. Auf einer Pressekonferenz wurde gefragt, warum das Unternehmen nicht noch weit mehr in Deutschland investiere, da lautete die Antwort nur: «Wir stoßen hier an die Grenzen des Marktes.» Basta. Noch kürzer fiel einmal die Reaktion eines CEO auf die Frage aus, wie das Unternehmen die neuen Steuergesetze beurteile: «Sie sind Realität.» Lakonisch. Schweigsamkeit kann eben ein Zeichen von Größe sein. Und genau so souverän sollte die Antwort wohl auch wirken.

Ganz anders ist übrigens der Ton, der in einem Betrieb von jenen angeschlagen wird, die die Zustände wirklich kennen. Es sei verblüffend, nach einer Pressekonferenz mal einen Typ aus dem mittleren Management unter vier Augen zu hören. Da wird das Understatement nach außen fast wettgemacht durch viel Übertreibung im Inneren. Ich wollte Zitate hören.

«Land unter. Bei uns herrscht seit Wochen das reine Chaos. Wir sind auf einem Horrortrip. Die Planung läuft auf eine Katastrophe hinaus. Jeden Moment kann hier alles zusammenbrechen.» So in dem Sinne. Ich konnte es kaum glauben. Doch mein Insider aus der Wirtschaftspresse war sich sicher. Einmal hat er gehört: «Hier toben Sparorgien und Rotstiftexzesse. Umgeben ist man nur noch von Bedenkenträgern und Besitzstandswahrern, von Bremsern und Blockierern, von Zauderern und Zögerern.» Ich bewunderte die Stabreime, und mein Gegenüber meinte schmunzelnd, deswegen habe er sich seinerzeit diese Worte wohl auch merken können.

Da sei ihm die zur Schau getragene Ruhe der Repräsentanten doch schon lieber. Einmal habe er den Chef einer Lebensversicherung interviewt. Gerade hatte das Verfassungsgericht die ganze Branche zu mehr Transparenz und Kundenfreundlichkeit verdonnert. «Ich begann das Gespräch mit der Frage, ob das Urteil ein Schlag ins Gesicht der Versicherer sei. Da sagt mir dieser Meister der überlegenen Gelassenheit doch tatsächlich: ‹Im Gegenteil, das Gericht hat ausdrücklich die große Bedeutung der Lebensversicherung hervorgehoben.› Na bitte!»

Das halte ich für problematisch

Die hohe Kunst, ganz leise aufzutreten, wird auch bei Verhandlungen zwischen Unternehmen geübt. Sagen wir, es geht um ein Projekt, das der Arso-Konzern und die Beka-Gruppe gemeinsam betreiben wollen. Beide Seiten haben schon Entwürfe gemacht, man trifft sich auf Einladung des Arso-Konzerns. «Hatten Sie schon Gelegenheit, unsere Vorschläge zu bewerten?», fragt der Gastgeber. So kommt man zur Sache. Noch zeichnet sich nichts Gemeinsames ab, da versichern die Gäste von der Beka: «Wir sind offen für neue Ideen.» Das kann nur bedeuten, dass die alten nichts taugen.

Doch eigentlich meinen beide, nun seien die anderen am Zug. «Der Ball liegt im Feld der anderen Seite», denken Sie und drücken es notfalls auch so aus. Eine höfliche Aufforderung, mal aus der Deckung zu kommen. Endlich sieht man die Gegensätze klarer – leider. «Das halte ich für problematisch», entfährt es einem der Gastgeber. Immer noch sehr höflich, denkt er, denn, spräche er ein offenes Wort, hätte er sagen müssen, das sei Schwachsinn. Sein Gegenüber erwidert mit eiserner Beherrschung: «Diese Ansicht teile ich nicht.»

So komme man überhaupt nicht zusammen, erkennen die Gäste von der Beka-Gruppe. Und ihr Sprecher sagt möglichst sanft: «Ich möchte Sie bitten, Ihren Standpunkt noch einmal zu überprüfen.» Auch bei den nächsten Verhandlungen ist nicht viel herausgekommen. Der Ton wird rauer, aber natürlich spricht man in Samt und Seide. «Das halte ich, auf die Dauer, für kurzsichtig.» So zu sprechen ist schon kühn.

Daher ringt sich die andere Seite, es sind die Arso-Leute, durch zu dem Satz: «Also, ich fand's nicht glücklich.» Ein hartes Wort! Das können die anderen kaum auf sich sitzen lassen. Wie das gemeint sei, fragen sie, sie flüstern es. «Nein, das möchte ich nicht weiter kommentieren», entschuldigt sich der Übeltäter, «und ich bitte um Verständnis». Er bekommt dennoch zu hören: «Das war wenig hilfreich.»

Die Zuversicht schwindet, der Ton wird angespannt. «Ihre Bereitschaft, auf uns einzugehen, scheint mir, offen gesagt, noch ausbaufähig.» So geht es nicht, so etwas zu sagen, das heißt schon, dem anderen den Stuhl vor die Tür stellen. Man trennt sich ohne große Hoffnung. Die Krise ist da, eine Fortsetzung ungewiss.

Nun schaltet sich die nächsthöhere Ebene ein. Die Verhandler werden intern gerüffelt: Das sei bislang ja wirklich «suboptimal gelaufen». Man wolle «nichts dramatisieren», verlautet die Beka-Gruppe verbindlich (das sagt man oft, wenn man es dennoch gerade tut), die andere Seite echot mit der Versicherung, auch man selbst sei «um Schadensbegrenzung bemüht».

Bald gibt sich der Arso-Konzern allerdings als die umworbene Diva und lässt verlauten, er könne «nicht ausschließen, eine andere Lösung anzustreben». Man will also einen neuen, einen ganz anderen Partner für das Projekt suchen. Die Drohung, so glimpflich sie ausgesprochen wurde, wirkt. Die Beka-Gruppe säuselt nun schriftlich: «Bewegen sollten sich beide Seiten.» Und sie legt noch nach – gleichsam mit der ausgestreckten Hand: «Unsere Seite ist jedenfalls bereit, einen neuen Anfang zu versuchen.»

Das Schlimmste ist die Art, wie die Presse diese Verhandlungen zum Thema gemacht hat und ständig Aufschluss verlangt über den neuesten Stand. Es gebe noch «Optionen», verlautet aus der Beka-Gruppe. Aber jeder weiß, wenn man keine Alternative mehr hat, bleiben einem angeblich immer noch Optionen oder doch wenigstens *eine* Option. Irgendeine.

Es ist vorbei! Auf einer Pressekonferenz will die Beka-Gruppe deutlich machen, dass sie sich nicht als Verlierer sieht. Das Vokabular verliert auch hier nicht den Schutzmantel der bewährten Euphemismen. «Ich stelle fest», sagt der Pressesprecher, «wir haben uns nicht einigen können.»

Kurskorrekturen und Nachbesserungen

Die Koalition auf Landesebene war sich einig, es bestehe «Handlungsbedarf», ein Gesetz solle «auf den Weg gebracht werden». Vorher musste man sich nur noch einigen. Was von solchen Verhandlungen nach außen durchsickert, ist gewöhnlich geprägt von dem Wunsch, die Gespräche zu beeinflussen, aber das Klima nicht zu verderben. Es sei «kompliziert», verlautbart die eine Partei, es gebe «noch Meinungsverschiedenheiten», die andere.

Ein kleiner Krach wird auf das Niveau von «Missverständnissen» heruntergespielt. Dann heißt es, man sei sich weitgehend in den Zielen einig, es gebe nur noch «Defizite bei der Umsetzung». Das «Konzept steht», verkünden die einen, die anderen sagen, man müsse es noch «weiterentwickeln». Weil sie damit noch nicht durchgedrungen sind, wird jetzt gestreut, es bestehe noch «Optimierungsbedarf».

Dann einigt man sich. Es ist ein Kompromiss, der von beiden Parteien als «tragfähig» bezeichnet wird, der jedoch nicht nur tragfähig scheint, sondern von beiden Seiten auch «mitgetragen werden kann».

Wenn Einigkeit besteht, ist das in der Politik jedoch bloß der Anfang einer weiteren Entwicklung. Es war ja nur ein Ausschuss, der sich geeinigt hat, nun sind die Fraktionen «gefragt» und «in der Verantwortung». Die eine Seite nennt den Kompromiss «entwicklungsfähig», was eindeutig eine Drohung ist. Die andere Partei spricht, etwas dezenter nur, von nötigen «Kurskorrekturen». Das Wort ist sehr beliebt, weil es ein unwiderstehliches Bild entfaltet. Eine Rakete bedarf dieser Korrekturen, wenn sie auf die richtige Bahn gebracht werden soll. Wohl dem, der dieses Bild in die Politik nimmt und für sich reklamiert. Denn er scheint sich doch nur für Schritte einzusetzen, die für ein Gelingen unabdingbar sind, ganz objektiv.

Die Gewerkschaften verlangen, wie gewöhnlich, «Nachbesserungen». Diese Redewendung ist einerseits etwas abgegriffen. Andererseits ist sie fast ebenso unwiderstehlich wie die Kurskorrektur. Wer je Handwerker beschäftigt hat, weiß, dass sie auch Pfusch abliefern können (nicht nur beim Hausbau). Dann dürfen «Nachbesserungen» verlangt werden, so ist es Juristen geläufig und in der Baubranche üblich. Also kann man nur jedem gratulieren, der in der Politik seine höchst einseitigen Wünsche so benennt, denn dann scheinen sie geradezu einklagbar.

Die Arbeitgeberseite hingegen liebte es früher, einem Gesetz, noch kurz bevor es «greifen» konnte, die «Giftzähne zu ziehen». Heute sagt man das nicht mehr so, aber man will eine «Fehlentwicklung verhindern» und die Dinge «entzerren». Offenbar sind sie durch das Gesetz «verzerrt» worden. Man will mit der Politik noch einmal «ins Gespräch kommen», man dringt auf «Präzisierungen», die in Wirklichkeit auf Änderungen hinauslaufen würden. Man verlangt «Ergänzungen». Überhaupt fehlt es angeblich an «Ausgewogenheit». Einiges müsse noch «überarbeitet werden». Aber es hilft nichts.

«Wir werden noch viel Überzeugungsarbeit leisten müssen», sagt der Präsident der Arbeitgeber des Landes. Auch so ein schönes Wort, das Druck und Machtspiele ummantelt. Man könnte auch von «Lobbyarbeit» sprechen. Das alles jedoch hat nichts gebracht. Keine Kurskorrekturen, keine Nachbesserungen, keine Früchte der Überzeugungsarbeit. Das Gesetz geht fast unverändert durchs Parlament.

Da bleibt den Frustrierten nur noch wenig Hoffnung. Die Gewerkschaften wollen auf die Straße gehen. Die Opposition wird das Gesetz in der nächsten Legislaturperiode, wenn sie endlich die Macht dazu hat, zurücknehmen. Und die Arbeitgeber künden dunkel grollend an: «Wir müssen die Regelungen neu interpretieren.»

Die Offiziellen

In jeder größeren Stadt gibt es die «Kirche Christi Wissenschafter». Das sind die netten Leute von der amerikanischen «Christian Science», auch Gesundbeter genannt. Worüber man bei dem deutschen Namen stolpern kann, ist der Ausdruck «Wissenschafter», ohne das gewohnte «l» darin. Die Namensgebung muss aus der Zeit stammen, als in Deutschland die Ansicht umging, Worte auf «-ler» hätten etwas Abwertendes: Bummler, Nörgler, Bettler oder gar Abweichler und Kriegsgewinnler. Daher besser: Wissenschafter. Wie Botschafter!

Nur, leider, die wahren Wissenschaftler haben die Umbenennung ihres Berufsstandes nicht mitgemacht. Und tatsächlich gibt es ja viele andere Wörter auf «-ler», die ansehnlich klingen: Künstler, Angler, Makler, Außendienstler ... Nur eine einzige gesellschaftliche Gruppe, keine geringe, hat sich damals die neue Ansicht zu eigen gemacht, nämlich die Gewerkschaftler. Sie wollten eines Tages ohne «l» weiterleben. Und seitdem gilt als das einzig Richtige: der *Gewerkschafter*. Man kann geradezu die Freunde der Gewerkschaft daran erkennen, dass sie diese Veränderung mitmachen. Die anderen schreiben weiterhin Gewerkschaftler.

Auch das Wort «Gewerkschaftsfunktionär» ist umstritten, es hat sich aber gehalten. Einige Funktionäre verwenden es mit einem gewissen Trotz (scheint mir), andere sprechen von «Funktionsträgern». Es gibt auch den wohlklingenden «Organisationssekretär». Die Basisleute in den Betrieben haben aber eine einhellig akzeptierte Bezeichnung, das sind die *Vertrauensleute* (oder geschlechtsneutral die Vertrauenspersonen). Diese Bezeichnung ist absolut genial gewählt.

Auch den Sportfunktionären ist es gelungen, den Namen ihrer ungeliebten Kaste abzulegen. Sie standen im Ruf hochbezahlter Ehrenamtlicher, die sich wichtiger nahmen als die Sportler. Aus ihnen wurden längst die «*Offiziellen*», eine Lehnübersetzung aus dem Englischen. Bei der UNO heißen die Funktionäre ebenfalls Offizielle. Mir scheint, selten hat der Übergang vom Französischen (fonctionnaire) zum Englischen (official) eine so erhebende Wirkung getan. Die sind jetzt alle «offiziell» da, gleichsam die Beamten des Sports, mit allen Privilegien.

Stark im Ansehen gesunken ist auch das Wort *Amt*. In den Stadtverwaltungen scheinen die «Ämter» zu verschwinden. Aus manchem Ordnungsamt wurde ein Bürgerbüro. Der Trend bedroht auch die *Verwaltung*. Wer kann, ist nicht mehr in einer solchen tätig, eher in einem «Fachbereich». Die Personalverwaltung ist heute das Personal*management* oder gar die Personalwirtschaft. Wirtschaft! Klingt nach Markt. Erfasst vom Verfall ihres Ansehens sind auch die Beamten und Angestellten. «Ich arbeite als Manager in der Kraftfahrzeugzulassung», das wäre mal eine moderne Selbstinszenierung. Oder bleiben wir allgemein: «Ich bin bei der Stadt im mittleren Management tätig.»

Es gibt auch den umgekehrten Fall, dass jemand von der Presse zum Beamten ernannt wird, der es gar nicht ist. Dann wird etwas kokett vom Bundesaußenminister geschrieben, er sei «der oberste Diplomat», gar der *Chefdiplomat*. Ist er aber gar nicht, er ist Politiker. Er gehört nicht zu den Diplomaten, er hat welche. Und das ist gut so, denn ein Minister hat eine andere Funktion. Er ist der Öffentlichkeit verantwortlich und sollte deshalb zurücktreten, wenn etwas Unverzeihliches passiert ist.

Man hat auch schon vom Finanzminister gelesen, er sei der «oberste Finanzbeamte» seines Landes. Vielleicht ist das als Aufwertung gedacht. Oder der Innenminister als «erster Polizist», nun ja, es ist immer dasselbe und wird nicht besser, indem sich diese Art der Titulierung weiter ausbreitet. Noch nicht gelesen habe ich, der Verteidigungsminister sei «der oberste Soldat» des Landes. Denn das wissen auch die Leute von den Medien, dass es in der Demokratie eine strikte Trennung von Soldaten und ziviler Führung geben muss. Schlimm genug, dass die ganz Konservativen meinen, ein solcher Minister müsse doch wenigstens gedient haben.

Ebenso wenig mag ich den Begriff *Fraktionschef* oder «Chef der Fraktion». Diese flotte Kurzform passt nicht in ein Parlament. Der Vorsitzende ist nie Chef, sonst wäre er ja Vorgesetzter mit Weisungsbefugnis. Er ist ebenso wenig Chef, wie es der Vorsitzende eines Vereins ist. Auch «Parteichef» ist höchst zweifelhaft.

Chefs gibt es zum Glück nicht überall.

«Sie Niedriglöhner, Sie Minijobber!»

Die Gesellschaft zerfällt. Blicken wir zunächst nach unten. Da entdecken wir die Minderleister. Diese armen Wichte sind die englischen «low performers». Hier sind die Soziologen unerbittlich. Wenn man diese Gruppe von Menschen, die es im Leben nicht gerade zu etwas Besonderem gebracht hat, umschreiben muss, sagt man wohl «Geringverdiener» oder «Kleinverdiener». Neuerdings ist auch «Minijobber» gängig oder «Niedriglöhner» – was schon an den alten Tagelöhner erinnert.

Leider eignen sich diese Bezeichnungen, die der sozialen Einordnung dienen sollen, auch als Beleidigungen. «Sie Hartz-IV-Empfänger!» Das könnte gerichtsrelevant sein (auch wenn die Bezeichnung zutreffen sollte). «Sie Aufstocker!» (Einer, der voll arbeitet und trotzdem Hartz-IV-Hilfe braucht, also aufstockt.) Es ist schlimm. Man muss nur «Arbeitsloser» sagen, da weiß man schon, dass irgendjemand zuckt, auf den es zutreffen könnte. «Langzeitarbeitsloser» wäre die grausame Steigerung.

Dagegen die «Hochleister». Ursprünglich ein Fachausdruck der elitären Publizistik, ist das zur Selbstbezeichnung stolzer Aufsteiger geworden, eine Art Selbstbeweihräucherung. Wir Hochleister! Das ersetzt die alte «Elite», die schon deshalb verpönt ist, weil sie an «elitär» erinnert, und das will niemand sein. Also muss etwas anderes her. «Funktionselite», das geht. Man hat eine Funktion, schon ist man irgendwie eben doch Elite. Eine Funktion in der Wirtschaft, im Ministerium, an der Uni oder in der Gewerkschaft, egal. Funktionselite. Auch «Leistungselite» genannt, weil sie angeblich Leistung bringt und nach Leistung bezahlt wird. Angeblich.

Begabte Absolventen der Uni werden (nach US-Vorbild) «High Potentials» genannt. Heute wird immer vom Potential gesprochen.

Es war der Chefredakteur der deutschen Ausgabe eines hochgestochenen Magazins, der seine Leserschaft so beschrieb: «Shakers and Movers». Das war 2006 neu und klang wie die passende Entschuldigung dafür, dass es eben jenes Magazin nun auch bei uns geben müsse, genau für diese Leute. Im gleichen Jahr 2006 trat im September das «Prekariat» ans Licht, geboren von der Soziologie. Das Wort stammt (natürlich) aus dem Amerikanischen. Es geht um die alte Unterschicht, die nun nicht nur unten ist, sondern einfach prekär. Peinlich, weil nichts zu machen ist. Oder nichts zu machen scheint.

Ganz oben die Glücklichen als das «Pekuniat», wenn es einfach darum geht, wer die Knete hat, also die Leute, die Geld (lateinisch: pecunia) haben. Das Pekuniat hat reichlich davon. Es können Erben sein, Hauptsache, die Finanzen stimmen. Erben, so wie früher der Adel nichts leisten musste und doch ganz oben war. Ein bisschen ist der Hochadel immer noch oben dabei, verehrt von der alten Unterschicht, dem Proletariat und Subproletariat. Am besten gehört man also entweder zur Leistungselite oder zur Geldelite (Pekuniat) oder zum Hochadel.

Ganz unten das Prekariat, diese prekären Leute. Und dazwischen? Dazwischen sind wir. Früher war das der Mittelstand, aber den gibt es als Ausdruck nicht mehr. Nur im Ranking der Wirtschaftsbetriebe gibt es noch den Mittelstand, genauer die «mittelständische Wirtschaft». Einzelne Könner, manchmal Selfmademänner, dürften da aber locker ein paar hundert Millionen erarbeitet haben. Und sind doch immer noch mittelständisch.

Jede Gruppe offenbar, die von den Soziologen ausgemacht werden kann, hat eine glimpfliche, eine euphemistische Bezeichnung verdient. Das lässt sich auch gut erkennen an Profifußballern. An Profis? Ja, denn zu den Benachteiligten dieser Erde gehörten Jahrzehnte lang jene Spieler, die nicht zum Zuge kommen. Sie hießen «Ersatzspieler» und saßen auf der Reservebank. Deshalb auch lange «Reservespieler» genannt. Jetzt ist ihr offizieller Glimpfname der liebliche Euphemismus «Ergänzungsspieler».

Und wer in einem Gewerbe oder auf irgendeinem Gebiet wirklich Anfänger (und also ein Noch-Nichts-Könner) ist, hat ebenfalls einen besseren Namen verdient. Das sind heute die «Einsteiger». Klingt fast wie Quereinsteiger, aber das waren die Leute, die ihre Qualifikation schon mitbrachten, nur nicht die passende.

Und wenn man nicht «Einsteiger» ist, dann wenigstens «Starter». Klingt vielleicht sogar noch besser. Denn starten, das sollten wir doch alle, täglich …

Ursprünglich bis zu maximal …
Es ist ungerecht, dass ich meine Beispiele für verdoppelte Ausdrucksweise den journalistischen Kollegen von der Abteilung Motorwelt anhängen will, und das ausgerechnet, während sie gerade durchaus spannend von der Rallye Dakar berichten. «Die Tagesstrecken *können* bis zu 210 Kilometer lang sein.» Also, ich meine: sie *sind* bis zu dieser Länge lang. Aber warum nicht auch mit einem «können»? Meinetwegen, aber dann sollte es einfach heißen: «Die Tagesstrecken können 210 Kilometer lang sein.»

Von einer der tapferen Fahrerinnen hieß es: «*Ursprünglich* aus der Gokart-Szene stammend …» Auch das sollten wir mit Nachsicht behandeln, denn ein «ursprünglich» mogelt sich überall leicht ein, sorgt es doch für noch mehr Eindeutigkeit. Da! Es taucht schon wieder auf: «Ursprünglich waren 41 Teilnehmer gestartet.»

Wenden wir uns dem Gerät zu. Dann lesen wir vielleicht: «Der Motor ist schwerer geworden als *anfangs* beabsichtigt.» Offenbar braucht unsere Verständigung das Überflüssige, das allerdings, legt man diese Worte auf die Goldwaage, herunterfällt. Dazu gehört auch: Es scheint dem Hersteller «*erfolgreich* gelungen zu sein …» In jedem Fall wird das, was gelungen ist, auch erfolgreich gelungen sein. Oder? Aber was gelungen ist, das nennt man heute «erfolgreich gelungen».

Der Wagen fährt sich jetzt wirklich besser, denn: «Das Cockpit ist *neu* überarbeitet worden.» Ich könnte das noch fortspinnen: Weitere Verbesserungen kamen *ebenfalls* neu hinzu. Die Ingenieure hatten es nämlich geschafft, sich *gemeinsam* an einen Tisch zu setzen.

Leider erfahren wir keine *näheren* Einzelheiten über das Serienmodell, das diesem Renn-Exemplar zugrunde liegt; dennoch achten wir weiter auf die Verdoppelungen. Unser Autoexperte musste alsbald unbedingt an die bekannte Klippe mit den doppelt ausgedrückten Spitzenwerten geraten: «Die Vordersitze erlauben bis zu *maximal* 72 Positionen.» Da soll uns nichts mehr wundern: «In der stärksten Motorversion erreicht der Wagen eine Höchstgeschwindigkeit von *bis zu* 282 Stundenkilometern.»

So kennen wir es ja auch aus dem Wetterbericht, wo der Sturm meist auch «Höchstgeschwindigkeiten bis zu …» erreicht. Auch die Mitteilung, dass die Winde «*teilweise* bis zu 100 Stundenkilometer» erreichen, erweckt unseren Verdacht. Dennoch, es ist ja alles fast in Ordnung. Auch die «*normalen* Durchschnittstemperaturen». Man kann es gut tolerieren, denn selbst das Überflüssige hat seine (verstärkende) Funktion.

Doch zurück zu unserem extra teuren Wagen, der sich in der Wüste bewährt. Wer ihn erwerben will, muss allerdings warten können, denn es gibt ihn *bislang* noch nicht zu kaufen. Die Lieferzeit kann ein Jahr *und mehr* betragen (also *mehr* als ein Jahr). Die Spitzenversion ist sogar *frühestens* ab Oktober 2005 zu bekommen. (Wenn sie frühestens *im* Oktober zu bekommen ist, dann auch frühestens «ab» Oktober.) Und die Preise betragen von zweihunderttausend Euro an *aufwärts*.

Ja, verehrte Leserin, verehrter Leser, mein Vertrauen in Ihre Spitzfindigkeit bei der Suche nach Doppel-Moppeleien ist jetzt so groß, dass ich Ihnen beim Suchen nun keine Hilfestellung mehr geben muss: Mit einer Panne liegenbleiben, lesen wir, sollte man mit dem neuen Typ besser nicht, denn «es gibt nicht mehr als *höchstens* 14 Vertragshändler in Deutschland». Genau! Doppelt beschrieben hält besser. Schützt aber nicht vor Pannen.

Jetzt merke ich, diese Lektion ist mir doch komplizierter geraten als *anfangs* beabsichtigt. So dass wir das Thema jetzt besser *wieder* verlassen. Ja, Tschuldigung! Sie brauchen schon einen IQ mit einem Minimum von mindestens … Na ja, Sie wissen schon.

Das kann möglich sein
Dieser Pudding von einem Pressesprecher! Wer nagelt ihn mir an die Wand? Bundespresseamt, eben! Informationsgespräch. Vertraulich. Und ebenso schwammig. «Es wird damit gerechnet, dass Bundeskanzlerin Merkel sich diesmal für eine Frau entscheiden könnte.» Ein so genannter Gürtel-und-Hosenträger-Typ da vorne, dachte ich; dieser Pressemann aus dem Hintergrund trägt wirklich beides und sagt sich: Man kann ja nie wissen. Beginnt einen Satz mit «es wird damit gerechnet» und endet mit «könnte»! Aus lauter Vorsicht schwächt er seine Aussagen doppelt ab.

Die Bundesregierung habe «gezeigt, dass sie zum Sparen fähig sein kann», sagt er jetzt. Ich bitte Sie, schon wieder dieser Überfluss an Ungewissheit. Der Potentialis, die Möglichkeitsform, gleich zweimal ausgedrückt. Entweder «fähig ist» oder «sparen kann». Aber die anderen Journalisten, die ebenfalls eifrig mitschrieben, störten sich an diesen Absicherungen nicht. In Berlin ist man vorsichtig, das kennt jeder.

Gut, so einen längst verpönten Satz wie «es kann möglich sein» habe ich von ihm noch nicht gehört. Aber gleich fällt eine ähnlich doppelt abgesicherte Prognose: «Das könnte jetzt möglicherweise anders werden ...» Ich will nicht ungerecht sein. Niemand sonst hier um mich herum regt sich über so was auf. Auch nicht, als nun zu hören ist: «Es besteht die Gefahr, dass es zu Terminschwierigkeiten kommen könnte.» Das lassen alle Mitschreiber so durchgehen. Schließlich schreiben sie ja längst selbst so. «Das dürfte möglich sein.» Nein, das dürfte unmöglich sein! Es dürfte höchstens so sein.

«Es handelt sich um Beträge, die bis in den zweistelligen Millionenbereich gehen können.» Gewiss, gewiss, sie können. Das will ich ja gar nicht bestreiten, aber in dem «bis» steckt doch schon, dass sie es nicht müssen. Daher reichte es zu sagen: die «bis» dahin «gehen». Oder bin ich jetzt schon radikal geworden? Gut, gut! Meinetwegen, das «können» ist diesmal durchaus zu rechtfertigen.

«Der Innenminister», heißt es nun, «dürfte es vermutlich als Letzter erfahren haben.» (Diese Tatsache an sich ist schon unglaublich, gerade dieser Minister weiß doch sonst immer alles sofort.) Also diesmal als Letzter. Das ist erschütternd, doch die Kombination von «dürfte ... vermutlich» ebenfalls. Sie scheint mir wieder etwas von der Kombination «Gürtel- und Hosenträger» zu haben. Und tatsächlich! Deutlich zu sehen: Jetzt verrutscht dem da vorne die Jacke. Er trägt wirklich beides. Wusst' ich's doch.

Nein, ich müsste sagen: Er soll angeblich beides tragen. Oder noch vorsichtiger, ganz im Beamtenton: Es scheint danach auszusehen, dass er beides trägt. Wahrscheinlich hat er auch einen Bauchnabel und eine Haarfrisur.

«Dieses Versäumnis wird noch Folgen nach sich ziehen ...» Nun zeigt mein vorsichtiger Beamter, dass er auch andere Überflüssigkeiten drauf hat als die doppelte Vorsicht. Ich meine, das Versehen wird entweder einiges «nach sich ziehen» oder «Folgen haben». Muss es beides sein? Offenbar, denn so sprechen diese Leute, rund um die Uhr, 24 Stunden lang, Tag und Nacht. (Das war jetzt dreifach ausgedrückt, ganz in deren Sinne.)

Wenn Sie mir zustimmen, dürfen Sie jetzt ruhig mal *mit dem Kopf* nicken.

Gradwanderung auf der Rasierklinge

«Die Klausur der schwarz-roten Koalition findet hinter verschlossenen Türen statt.» An diesem Satz scheint schon nichts mehr auffällig. Ich frage mich nur, warum es in solchen Fällen immer «verschlossene» Türen sein müssen. Die armen Kabinettsmitglieder! Eingeschlossen. Wer mag den Schlüssel herumgedreht haben? Wahrscheinlich ist es nur so eine Redensart. Doch die bloß «geschlossenen Türen» gibt es gar nicht mehr. Und was einmal übertrieben worden ist, kann man nicht mehr zurückdrehen. «Das Kabinett verschwindet zur Krisensitzung hinter dicken Konferenztüren ...» Das wäre mal was anderes.

Als Fernsehzuschauer sind wir ja gewöhnlich nah dran, fast wie Augenzeugen. Neuerdings gar, so die Werbung für ein Fernsehprogramm, «nicht nur dabei, sondern mittendrin». Auch diese Wendung hat einen Standard gesetzt. Bislang erlebten wir vielleicht Politik sichtbar und anschaulich. Jetzt müssen wir noch näher ran. «Eine Kanzlerin zum Anfassen.» Auch so ein neuer Maßstab.

Es ist lange her, da klagten Bundestagsabgeordnete, ihre privaten Einnahmen würden öffentlich bekannt gemacht, sie seien zu Politikern «mit gläsernen Taschen» geworden. Das traf wohl zu. Daraus ist aber längst die Klage über den «gläsernen Abgeordneten» geworden. Mit den Taschen will sich niemand mehr begnügen. Übertreibungen sind noch weniger leicht zu revidieren als die Inflationsrate. Eine Justizministerin sorgte sich, weil zu viele Daten gesammelt werden, dass Verbraucher zu «gläsernen Kunden» würden.

Soll man das so stehen lassen? Jede Sprachbetrachtung bleibt, geben wir es zu, eine Gratwanderung. Auch dieses Wort ist ein anschauliches Bild, an dem sich die Gefahr der Steigerung leicht zeigen lässt. Ja, die Gradwanderung, die gute alte! Sie hat sich noch dramatisieren lassen. «Es stand auf Messers Schneide», pflegte man das zunächst zu nennen. Doch heute sagt man lieber gleich: «Ein Tanz auf der Rasierklinge.»

Es darf bekanntlich jedes Jahr etwas mehr sein. Geläufig ist uns, wie man den GAU aufgeblasen hat. Die Abkürzung steht bekanntlich bei Kernkraftwerken für den «Größten Anzunehmenden Unfall». Doch bald sprach man, um wirklich das Äußerste zu benennen, vom Super-GAU. Ohne den geht es nicht mehr. Die nächste Stufe mag der Mega-GAU sein, dann kommt der *absolute* Mega-GAU.

Betrachten wir nun, um in den Alltag zurückzukehren, den Baulärm neben dem Hotel auf Mallorca. So ein Lärm war früher mal eine Plage und hat das Ferienglück beeinträchtigt. Längst aber ist dieser Lärm eine Katastrophe. So wie jede Niederlage oder Last eine Katastrophe ist. Versinkt im Winter das Land unter einer Schneedecke, so wird eine Schneekatastrophe ausgerufen. Leichte Steigerung: Schneechaos.

Diese Tendenz wird von der Bildberichterstattung gefördert. Das Kamerateam ist den ganzen Tag unterwegs, um das Kornfeld zu finden, das vom Hagel am meisten zerstört wurde, die Straße an der Mosel mit dem höchsten Wasserstand, den Waldbrand, der den stärksten Schrecken verbreitet. Dazu dann die Schlagzeilen: «Griechenland vom Feuer bedroht». Als es in Südwales Überschwemmungen gab, titelte eine Zeitung: «England von Wassermassen eingeschlossen». (Wenigstens das war nicht übertrieben.)

Ja, wo etwas nicht so gut funktioniert, wie wir Deutschen es gewohnt sind, da gähnt gleich das Chaos. Die Unordnung im Zimmer eines Jugendlichen? Das reinste Chaos. Und in den Innenstädten, wenn der Verkehr mal steht: Chaotische Zustände. «Da ging gar nichts mehr», so wird es in der Zeitung stehen. Von einem «vorübergehenden Stau» in manchen Straßen mag man nicht sprechen.

Daher muss ich meine Berichterstattung von der Sprachfront wohl korrigieren. Besagter Baulärm auf Mallorca war nicht die reinste Katastrophe. Es war der Horror! Der blanke Horror. Wer es so nicht zu benennen wagt, kann weder als modern gelten noch hat er Anspruch auf Erstattung der Reisekosten.

Woher diese Lust an den Extremen? Vielleicht kann uns die Botschaft sonst nicht mehr erreichen. Nach der Ankündigung von Entlassungen muss es heißen: «Die Belegschaft steht *unter Schock.*» Ein neues Produkt ist angekündigt: «Seit Monaten ist die Branche *in heller Aufregung …*» Schon seit Monaten. Und überhaupt: Das Ergebnis ist noch *völlig* offen, die Arbeitgeber übernehmen *keinerlei* Garantien … Das sind längst feste Redewendungen.

Da wirkte es wie befreiend, als ein Boulevardblatt aus München mal so von einem Fußballspiel berichtete: «Es gab keinen, dem die Gänsehaut nicht meterhoch stand.»

X Satzbau als Bausatz

Etwas, was mich stört

«Er hatte aufgeräumt und er hatte geheizt, *was* sie gleich beim Heimkommen mit Glück erfüllte.» An diesem Satz scheint ja alles erfreulich, aber ich selbst bejubele doch das Wörtchen «was» am meisten. Es ist ein seltener Gast in unseren Sätzen, jedenfalls in dieser Funktion als Relativpronomen. Dennoch ist «was» allein in der Lage, einen ganzen Satzinhalt aufzugreifen, denn es bezieht sich dann auf alles Vorangegangene und fasst es elegant zusammen.

Gewöhnlich wird es vermieden. Dann schreibt man «Er hatte geheizt, *und das* erfüllte sie gleich ...» Oder «*weshalb* sie gleich beim Heimkommen ...» Kein Vergleich mit der Anmut, die uns ein «was» bietet. Doch heute wird dieses Wörtchen selten, und es gehört schon zu den bedrohten Arten, *was* mich betrübt. Warum vermeidet man es? Das liegt wohl an einer Unsicherheit, die uns zögern lässt. Ist «was» gutes Deutsch, darf man das sagen? Viele wissen es nicht.

Wir haben als Kind gelernt, dass man nicht mit «Was?» antwortet, wenn man etwas nicht verstanden hat. «Das heißt ‹wie bitte'», hörte man tadelnd. Vielleicht stammt die Berührungsangst daher. Aber ich kann schwören, ein «was» ist sogar vorgeschrieben, wenn man sich auf einen ganzen Satz (und nicht nur auf ein Wort darin) beziehen will, *was* doch nicht schwer zu verstehen ist.

Gern mache ich hier etwas Reklame für mein Lieblingswort unter den ganz kleinen Wörtern. Es gehört zum Schönsten, *was* die deutsche Sprache bietet. Zwar gibt es manches, *was* ihm das Wasser reicht, aber nichts, *was* es übertrifft. Ja, dies Elegante, das geradezu Bezaubernde an ihm ist es, *was* mich so reizt.

Genug der Beispiele, Sie halten mich sonst noch für übergeschnappt. Meine Hymne hat immerhin, denke ich, gezeigt, dass es die eher allgemeinen Wörter und Begriffe sind, auf die man sich im Relativsatz nur mit «was» beziehen darf. «All das Schöne, *was* wir mit diesem

Wort schon erlebt haben ...» Nein, ich höre auf. Sie sehen es ja selbst und sagen sich: «Das ist dasselbe, *was* auch ich schon immer empfunden habe.»

Nicht allen meinen Lesern werden meine Beispiele einleuchten. Dieses «was» geht manchem auf den Geist und verstößt gegen sein Sprachgefühl, wie ich weiß. Darum möchte ich einmal aus dem Duden zitieren, damit ich hier nicht so allein stehe. «Was» ist vorgeschrieben, wenn das Bezugswort ein substantiviertes Adjektiv oder Partizip ist, «das etwas Allgemeines, etwas Unbestimmtes oder rein Begriffliches ausdrückt». Das gleiche gilt vom substantivierten Superlativ («das Schönste, was ich ...»). Mein Lieblingswort wird vom Duden auch dringend empfohlen, wenn das Bezugswort «ein unbestimmtes Pronomen oder Zahlwort ist», etwa: «Es ist das Gleiche, was ich auch schon gesagt habe.» Und wenn man sich auf einen ganzen Satz bezieht, ist «was» ebenfalls unentbehrlich, was oben schon gezeigt wurde.

Nun muss ich allerdings noch etwas einräumen. Das ist etwas, *was* mir schwer fällt. Genau! Auch nach «etwas» sollten wir mit «was» fortfahren. Da werden aber auch die Gutwilligen scheu, was man verstehen kann. Denn (auch das haben die meisten gelernt) man soll keine gleichen oder gleich klingenden Wörter aufeinander folgen lassen. «Etwas, was» – fast ein Binnenreim. (So nennt man zwei sich reimende Wörter in einer Zeile oder einem Satz.)

Es geht jedoch gut, wenn beide Wörter getrennt stehen: «Sie glaubte, es sei etwas wie Liebe, was sie empfand.» Oder: «Noch etwas anderes, was er vor kurzem erlebt hatte.» Kein Problem, da sind wir uns einig. Doch nun lasse ich ein letztes Bekenntnis zu meinem «was» folgen: Nicht einmal dieser Binnenreim «etwas, was» kann mich stören.

Sie versucht, dass es geht
Manchmal rätsele ich, warum mir ein Satz schief vorkommt. Ins Grübeln kam ich zum Beispiel bei diesem: «Der Effizienzdruck ist *gut* für die hiesige Wirtschaft, sich zu bewegen.» Mir kam es so vor, als

könte von «ist gut» nicht dieser Infinitiv abhängen «sich zu bewegen». Bald fielen mir andere Infinitivsätze auf, die mir ein ähnliches Unbehagen bereiten: «Die Gewerkschaft begrüßte die *Hilfe* für Arbeitslose, sich selbständig zu machen.»

Doch musste meine kleine Sammlung erst noch wachsen, etwa um dieses Fundstück: «Der Präsident zeichnete ihn für das *Engagement* aus, neue Wege zu gehen.» Knapp daneben, dachte ich. Doch klar war mir schon, dass es nur eines kleinen Eingriffs bedurfte, um die Sache zurechtzurücken.

Genau, ich musste in diesem Fall nur das Wort «Engagement» ersetzen, zum Beispiel durch «Mut». Dann klingt alles wunderbar: «Der Präsident zeichnete ihn für den Mut aus, neue Wege zu gehen.» Und nun lag es nahe anzunehmen, jeder angehängte Infinitiv-Satz brauche im Hauptsatz ein Wort, das gleichsam auf ihn vorausweist. Das Wort «Mut» ist wie ein Wegweiser, wie eine Bewegung.

Bald klärten sich auch die anderen schiefen Sätze. Man nehme statt «ist gut für die hiesige Wirtschaft» einfach «ist ein Anlass (oder: ist ein Motiv) für die hiesige Wirtschaft», und schon kann man fortfahren «sich zu bewegen». Der Satz mit der Hilfe für Arbeitslose funktioniert auch mühelos, wenn man die Hilfe, die so schlapp und in sich abgeschlossen wirkt, ersetzt durch «Chance». Denn dieses Wort öffnet sich gleichsam von selbst nach vorn: «Die Gewerkschaft begrüßte die Chance für Arbeitslose, sich selbständig zu machen.»

Meine kleine Entdeckung habe ich an anderen Exemplaren meiner Sammlung ausprobiert. «Der US-Senator tat alles für seinen *Kreuzzug*, den Kurs der Amerikaner zu verändern.» Dieser Satz war ja auch deshalb von mir notiert worden, weil ich das Gefühl hatte, «Kreuzzug» erlaube keine Fortsetzung. Kreuzzug ist eben einfach Kreuzzug, das Wort entlässt keinen Inhalt. Aber man könnte ein weiterweisendes Wort wählen: «Er tat alles für sein *Ziel*, den Kurs der Amerikaner zu verändern.»

Mein letztes Beispiel stammt von einem Paläontologen: «Für uns ist die Baugrube ein *Glücksfall*, unsere Hypothesen zu überprüfen.» Auch der «Glücksfall» ist etwas in sich abgeschlossenes. Glücksfall ist Glücksfall, basta. Aber gleich wird es gut: «Für uns ist die Baugrube eine glückliche Gelegenheit, unsere Hypothesen zu überprüfen.» In diesem Sinne war mir meine kleine Sammlung ebenfalls ein Glücksfall oder, genauer gesagt, eine glückliche Gelegenheit.

Gesammelt habe ich auch ein paar Sätze, die keinen Infinitiv enthalten, aber unglücklich mit «dass ...» einen Nebensatz anschlossen. Etwa so: «Angela Merkel hat *kein Blatt vor den Mund genommen*, dass sie den Vorgang missbilligt.» Ist es hier nicht genauso? Auf das schöne Bild vom Blatt vor dem Mund kann keine inhaltliche Ausführung folgen. Es müsste heißen: «Angela Merkel hat nicht verschwiegen, dass sie den Vorgang missbilligt.»

Ja, es war meine ganz eigene Entdeckung (Fachleute werden das längst beschrieben haben). Meine Hypothese habe ich weiter überprüft: «Ich *versuche*, dass dies so lange Bestand hat wie möglich.» Nein, «versuche» ist zu schwach, das Wort kann keinen angehängten Satz tragen. Nur so geht es: «Ich will erreichen, dass dies so lange Bestand hat wie möglich.»

Am Schluss probiere ich es mit einer Frage an meine Leser: «Würden Sie *zustimmen*, dass Sie etwas gelernt haben?» Und im Stillen erhoffe ich Ihre spontane Verbesserung: «Würden Sie es auch *so sehen*, dass Sie etwas gelernt haben?» Denn «zustimmen» ist wieder so ein autistisches Wort. Man stimmt zu oder nicht.

Gut, Sie haben Bedenken. Aber wenn Sie mir das so sagen: «Ich bin *skeptisch*, dass Sie recht haben!» Dann müsste ich erwidern: «Ich *bezweifle*, dass Sie recht haben.»

Der gespannte Leser

Der deutsche Satzbau sorgt dafür, dass sich der Sinn erst am Schluss ergibt. Das gilt leider für den Neben- wie für den Hauptsatz. Betrachten wir zunächst den Nebensatz. Da herrscht die Regel: Das Verb gehört an den Schluss. Und auf den kann man oft lange warten. «Es ist ein Problem, das Ingenieure trotz aller Bedenken von Anfang an ...» Ein Relativsatz hat begonnen, und wir sind auf die Folter der Neugier gespannt, bis wir erfahren, ob die Ingenieure das Problem nun glänzend gelöst oder immer unterschätzt haben.

Da sage noch jemand, Deutsch sei langweilig. Fast die gleiche Unhöflichkeit bietet der deutsche Hauptsatz. Zwar steht das Verb hier am Anfang, dennoch erfahren wir oft erst am Ende, wie die Sache ausgeht. Im Hauptsatz müssen wir nämlich leider das Verb aufspalten, und der entscheidende Teil steht dann doch am Schluss. «Er schlug, bebend vor Zorn und doch voller innerer Bedenken ...» Ja, da ahnt man wirklich nicht, wie es endet. « ... seinem Gegenüber ins Gesicht»? Oder doch: « ... eine andere Lösung vor»? Man muss es abwarten.

Aufgespalten und zur Klammer erklärt werden alle Verbformen, die zusammengesetzt sind. «Die deutsche Sprache *hat* eine wundervolle Fülle von farbigen Wörtern und kraftvollen Redewendungen, die herrliche Biegsamkeit ihrer Fügungen ...» Ja, hat sie das alles? Zum Schluss erfahren wir: «... in letzter Zeit eingebüßt». Das «hat» am Anfang muss genügen, der Rest kommt am Schluss, und sei er noch so überraschend. So ist das im Deutschen, und eigentlich weiß niemand, warum. Schon gar nicht ahnt man, wieso darin ein Vorteil liegt.

Lange Sätze können allerdings einen erstaunlichen Schwung haben, dafür sei Friedrich Schiller zitiert. Der Nebensatz beginnt hier mit «wo wir» und endet mit «widmen». Aber dazwischen, welche Fülle von Gedanken:

«Es gibt Augenblicke in unserem Leben, wo wir der Natur in Pflanzen, Mineralen, Tieren, Landschaften sowie der menschlichen Natur in Kindern, in den Sitten des Landvolks und der Urwelt, nicht weil sie unseren Sinnen wohltut, auch nicht weil sie unseren Verstand oder Geschmack befriedigt (von beiden kann oft das Gegenteil stattfinden), sondern bloß weil sie Natur ist, eine Art von Liebe und von rührender Achtung widmen.»

Man könnte den Satz anders aufzäumen, damit der erwartungsfrohe Leser weiß, wohin die Reise geht. Den Schluss früher! «Es gibt Augenblicke in unserem Leben, wo wir der Natur eine Art von Liebe und von rührender Achtung widmen.» Damit wäre die These kurz genannt. Dann ließe sich das ausführen: «Wir erleben die Natur in Pflanzen, Mineralen ...» So wüsste der Leser von Anfang an, wohin es geht. Nur, leider, unsere Sprache verführt, gerade wegen ihrer Geschmeidigkeit, den Schreibenden zu allerlei Windungen, während er auf das Ende zusteuert, das endlich das erlösende, das entscheidende Verb bringen soll. Wenn freilich ein Schiller das Wort führt, kann so ein Satz auch zur Melodie werden.

Ja, es ist im Deutschen vorgegeben, dass ein betontes Wort am Satzschluss stehen sollte. Am Ende muss es knallen. Die Satzmelodie muss dort mit einer Pointe aufwarten. Das macht es schwer, einen Satz zu begreifen, bevor er zu Ende ist. Das Wichtigste am Schluss. Dafür ein letztes Beispiel, genommen vom erhabenen Stilisten Thomas Mann, und, um es einfacher zu machen, nur die zweite Hälfte des Satzes:

«… denn weder seinem Ärger über die unverantwortliche Gottesdummheit der Alten noch seinem Abscheu vor dem Behagen, mit dem sie sich gegen Vorwürfe würdig gesichert wussten, gebrach es im geringsten an Klarheit über sich selbst.»

Die Stopfwurst

«Pommes und Trinkwasser sind mit als krebsauslösend verdächtigem PFT belastet.» Die meisten Menschen lesen in der Zeitung solche Sätze spielend. Leider bleibe ich fast immer hängen, und wenn ich klage, verliert sich meine laut rufende Stimme wohl einsam in der Wüste. Ja, ich klage: «Warum ist der Relativsatz so gut wie ausgestorben?» Der Verfasser hätte ja auch schreiben können: «Pommes und Trinkwasser sind mit PFT belastet, das als krebsauslösend verdächtig ist.» Oder noch schöner in drei Satzgliedern: «Pommes und Trinkwasser sind mit PFT belastet, das im Verdacht steht, Krebs auszulösen.»

Aber nein, die Informationen müssen alle hineingestopft werden in einen einzigen Satz, als sei er eine Wurst. Noch ein Beispiel: «In Tuscaloosa kam es am Anfang der Produktion zu für Mercedes bis dahin ungewöhnlichen Qualitätsmängeln.» Auch da wäre es Balsam und Wohltat für mich gewesen, hätte ich lesen dürfen: «In Tuscaloosa kam es am Anfang der Produktion zu Qualitätsmängeln, die Mercedes bis dahin nicht gewohnt war.»

Wahrscheinlich stehe ich allein. Eine Massendemonstration gegen überladene Sätze würde ich nicht auf die Straße locken können. Das durchschnittliche Murren des deutschen Zeitungslesers ist weit leiser als das meine. Und ich gebe es ja zu, beim Lesen ein Umstandskrämer zu sein, der das Überfliegen nie gelernt hat, sondern sich mühsam zu Fuß seinen Pfad über Steine und Baumwurzeln suchen muss.

Das Folgende ist eine Antwort, gegeben in einem Spiegel-Interview von einem christlichen Philosophen. Sie mag in mündlicher Rede so vorgebracht worden sein, wurde aber für den Druck nicht entflochten: «Es geht mir um eine Besinnung auf die Eigentümlichkeit des Christentums und auch auf den Glauben stützende äußere Sitten.» Mein Gott, da wollte sich nun einmal ein Christ im Spiegel verständlich machen, und dann ein solcher Satz! Geht es ihm um eine Besinnung «auf den Glauben»? Aber was ist dann mit den folgenden Worten «stützende äußere Sitten», die noch nachklappern?

Nun ja, ich lese wie ein Korrektor, ich will offenbar immer wissen, wie die Konstruktion ist. Und da bleibt man leicht hängen, doch ich habe herausbekommen, was gemeint war. Als Spiegelredakteur hätte ich den Satz so verständlich werden lassen: «Es geht mir um eine Besinnung auf die Eigentümlichkeit des Christentums und auch auf äußere Sitten, die den Glauben stützen.»

Immerhin beschäftigt der Spiegel auch Leute, die Verunglücktes aus anderen Zeitungen für den ‹Hohlspiegel› auswählen. Dort fand sich ein Satz aus der Badischen Zeitung, der von Entwicklungshilfe handelt. Er war auch geübten Stopfwurst-Lesern offenbar zu weit gegangen: «Vorrangiges Ziel des Projekts: Die Produktion der durch die durch die Tsetse-Fliege übertragene Schlafkrankheit gebeutelten Rinder zu forcieren.» Auch hier bin ich gern bereit, meine Künste beim Übersetzen ins Deutsche anzubieten. Dann lautet der Satz: «Vorrangiges Ziel des Projekts ist es, dass die Rinder wieder mehr Kälber produzieren. Die Tiere werden nämlich durch die Schlafkrankheit gebeutelt, die von der Tsetse-Fliege übertragen wird.»

Während andere Menschen erst über derartige Wunderwerke (mit einem «durch die durch die») lachen, ecke ich schon an bei solch einer Wortfolge: «Amerika, das weg vom für dortige Verhältnisse horrend teuren Benzin strebt …» Und ich frage mich, warum so etwas hingeschrieben und gedruckt wird. Es muss einen Grund geben. Wahrscheinlich gelten Nebensätze heute als umständlich, ja als veraltet. Und außerdem wird jeder Satz, zugegeben, länger, wenn man ihn schön verständlich gliedert.

Während Kürze ein Wert an sich geworden ist, können alle, die auf eine Meldung nur einen Blick werfen, mit der Stopferei gut auskommen. So musste dieser Stil wohl Mode werden.

Nein, das sollte ich besser modern schreiben, ganz ohne Kommas: So musste dieser mit seiner Kürze zum Wert an sich gewordene und für nur einen Blick auf die Meldung werfende Leser als Stopferei gut verträgliche Stil wohl Mode werden.

Die Abschaffung des halben Steuersatzes

Voller Bedauern schrieb ein Journalist: «Von der ehemals glücklichen Frau ist nichts übriggeblieben.» Während sich der Leser fragt, warum gleich die ganze Frau verschwunden ist, begreift er, was gemeint ist: Vom einstigen Glück dieser Frau ist nichts übriggeblieben.

Dieses Beispiel gefällt mir besonders, denn es ist krass. Es soll mir nämlich um die Regel gehen, dass eine Aussage nicht allein im Adjektiv – oder im sonstigen Beiwerk – stecken sollte. Aber wer stört sich schon (wie ich) an einem Satz wie diesem: «Wir bitten die *kurzfristige* Einladung zu entschuldigen.» Also muss ich Ihnen wohl weitere Fälle bieten.

Eine Schlagzeile in den ‹heute›-Nachrichten lautete: «Weniger Asylbewerber entlasten die Sozialkassen.» Schon wieder bin ich ins Grübeln gekommen. Es konnten nicht Asylbewerber sein, die die Sozialkassen entlasten. Nein, es sollte wohl heißen: Es gibt weniger Asylbewerber, und dieser Rückgang entlastet die Sozialkassen. Wem diese Formulierung zu lang ist, dem biete ich eine andere an: «Weniger Asylbewerber, das entlastet die Sozialkassen.»

Nun, ich will nicht behaupten, dass ich immer wie der Ochs vorm neuen Tor stünde, aber was bedeutet: «Kommission fordert die Abschaffung des halben Steuersatzes für Nahrungsmittel und Bücher.» Soll der halbe Steuersatz, der bislang galt, auch noch abgeschafft werden? Geholfen hat mir auch nicht eine andere Nachricht über dieselbe Sache: «Bundesregierung will die ermäßigte Mehrwertsteuer auf bestimmte Waren streichen.» Die Mehrwertsteuer streichen? Wohl doch die Ermäßigung.

In einem anderen Fall lautete die Botschaft: «Gründer sollen durch eine Minimalsteuer wirtschaftlich gefördert werden.» Wirklich? Seit wann fördert man jemanden durch eine Steuer, die man ihm auferlegt? Gut, man versteht, aber man versteht ebenfalls, dass die Formulierung schief läuft.

Wahrscheinlich bin ich wieder der einzige, der aufstöhnt, aber ich fand in der Schlussphase der Regierung Schröder die Behauptung der Opposition zweifelhaft: «Es gibt fehlende Reformen.» Ja, gibt es sie nun – oder fehlen sie? Und in einer Buchrezension (es ging um ein Buch von mir) musste ich lesen: «Leider ist das fehlende Sachregister zu beklagen.» Ich revanchierte mich mit einer lauten Klage über fehlende Logik und räumte das Fehlen eines Sachregisters bereitwillig ein.

Das Ganze erinnert mich an den Lehrer, der erklärte: «Ich sehe viele, die heute fehlen.» Offenbar gibt es ziemlich oft etwas, was es nicht gibt.

Wenn meine Beispiele Sie bislang nicht überzeugt haben sollten, hoffe ich auf die Wirkung des nächsten Fundstücks. Nach der Flutkatastrophe von New Orleans sah ich ein Pressefoto von unglücklichen Bewohnern, darunter stand: «Verzweiflung über Hilfe, die nicht kommt». Die Armen waren also «über Hilfe» verzweifelt ... Doch, doch, so steht es da. Besser hätte man allerdings formuliert: «Verzweiflung darüber, dass keine Hilfe kommt.»

Die wahre Aussage eines Satzes kann schon deshalb ungeschickt ins Beiwerk (der Adjektive und Adverbien) geraten, weil es, wie schon erwähnt, aus der Mode gekommen ist, Nebensätze zu bilden. Über die Verdienste eines berühmten Astrophysikers las man: «Gamow schätzte die notwendige Temperatur des Sonnenkerns ab, damit der Prozess der Wasserstofffusion aufrechterhalten werden kann.» Das ist schon etwas kompliziert. Schätzte er die Temperatur ab, damit sie aufrechterhalten werden kann? Das würde die Bedeutung des Wissenschaftlers überzeichnen. Nein, man brauchte ihn nicht, um die

Temperatur aufrechtzuerhalten. Das «notwendige» ist nur zu weit von «damit» entfernt. Gemeint war: «Gamow schätzte die Temperatur des Sonnenkerns ab, die notwendig ist, damit …» (Wie sehr kann doch ein Nebensatz alles aufhellen.)

Zum Schluss aber noch zwei eher harmlose Stücke. Über einen Fernseh-Programmdirektor war zu lesen: «Seine dringendste Aufgabe ist, die schlingernden Quoten zu stoppen.» Ich sehe ihm beim Versuch zu, die Quoten zu stoppen, und finde das lustig.

Ein Autor, der in schwäbischer Mundart schreibt, beklagte in einem Interview: «Die schwindende Mundart liegt auch an der Dominanz des Fernsehens.» Wo liegt die Mundart? An der Dominanz. Ach, auf Schwäbisch wär der Satz dem Manne nicht missglückt.

Ehemaliger Weltmeister und Botschafter

Anzeige eines Friseursalons: «Selber waschen, schneiden, föhnen 12,50 €». Viel Geld für wenig Service, aber die Worte sollen uns hier nur zeigen, dass Menschen wie die Verfasserin des Werbetextes kaum noch empfinden, dass man einen Zusatz wie «selber» auch auf die folgenden Glieder des Satzes bezieht. (Gemeint war ja nur «selber waschen», das Schneiden und Föhnen sollte man nicht selbst machen.)

Die Bildunterschrift «Witalij Klitschko, ehemaliger Boxweltmeister und Unesco-Botschafter» verstehe ich ebenfalls so, dass Klitschko in beiden Fällen ein Ehemaliger ist, gemeint hat es der Journalist aber wohl anders. Es war ihm nur zu umständlich zu schreiben «ehemaliger Boxweltmeister und inzwischen Unesco-Botschafter».

In einer Einführung in die Psychotherapie hieß es, es gehe bei dieser Therapie um «den Aufbau einer Beziehung, ohne Grenzen zu überschreiten und die Eigenständigkeit der PatientInnen zu wahren». Das arge Missverständnis ließe sich vermeiden, wenn man schriebe: «um den Aufbau einer Beziehung, ohne Grenzen zu überschreiten, und darum, die Eigenständigkeit … zu wahren.» Noch besser vielleicht mit einem Relativsatz: Es geht um den Aufbau einer Beziehung, die keine Grenzen überschreitet und die Eigenständigkeit der PatientInnen wahrt.

In diesem Satz ging es ja um die Frage, ob das «ohne» auch auf den zweiten Satzteil («die Eigenständigkeit ... zu wahren») bezogen werden soll. Häufig steht auch am Anfang ein «nicht», und man grübelt, ob es auch für den zweiten Satzteil gelten soll. Im Sommer 2005 war die Regierung Schröder am Ende, und der ‹Spiegel› befragte einen amerikanischen Banker nach seinem Urteil. Die Spiegelleute übersetzten einen seiner Sätze so: «Wichtig ist, dass das Land nicht auf der Stelle tritt und auf der Agenda 2010 aufbaut.» Nun gut, ich gebe zu, der Banker kann es nicht so gemeint haben, dass das «nicht» sich auch auf die Agenda bezog. Aber mich hätte es mehr überzeugt, wenn man das Subjekt wiederholt hätte: «... dass das Land nicht auf der Stelle tritt und es auf der Agenda 2010 aufbaut.»

Es gibt auch den umgekehrten Fall, da soll die Einschränkung am Anfang (zum Beispiel ein «nicht») für beide Satzhälften gelten, und prompt verstehe ich auch das nicht richtig. Nehmen wir diesen traurigen Satz aus einem Unfallbericht: «Dabei wurden Kinder verletzt, weil sie nicht angeschnallt und mit Kindersitzen gesichert waren.» Es ist mir ein Rätsel, aber vielleicht geht es ja auch anderen ähnlich. Ich verstehe den Satz etwa so, als stünde da, «... weil sie nicht angeschnallt und (stattdessen) mit Kindersitzen gesichert waren.» Ein zweites «nicht» im Satz hätte ein Missverständnis vermieden.

Das überzeugt Sie nicht? Ich versuche es mit einem weiteren Beispiel. Ein Journalist schrieb an einen Politiker: «Sie wissen, dass ich nicht immer Ihrer Meinung war und die Meinung der Regierung geteilt habe.» Da kann man rätseln, wie es gemeint ist. Eins kann ich verraten: Der Politiker war ein Minister, der aufs Altenteil ging. Seine Meinung und die der Regierung müssen übereingestimmt haben. Das bedeutet, dass der Journalist sein «nicht immer» auf beide Satzteile bezogen wissen wollte: « ... dass ich nicht immer Ihrer Meinung war und nicht immer die Meinung der Regierung geteilt habe.»

Auch in diesem Fall ahne ich nicht, warum mein Sprachgefühl sich weigert, das «nicht immer» auf beide Satzteile zu beziehen. Doch hoffe ich, Sie werfen dem Verfasser dieser Glosse nun nicht «einen Mangel an Charme und Kommunikationsunfähigkeit vor».

Nur meine Frau und Kinder …

Während der Fußballweltmeisterschaft 2006 redeten viele von der Überalterung der französischen Elf. Ein Journalist schrieb : «Es ist ein Problem, das die Mannschaft mit sich herumschleppt und lähmt.» Ein Satz, der jener obersten Regel im heutigen Journalismus folgt: Kurz! Schon gar nicht zweimal dasselbe Wort so knapp hintereinander! Insofern ist alles in Ordnung, und doch sträubt sich unser Empfinden.

Es ist leicht aufzudecken, was da nicht stimmt. Die «Mannschaft» kommt nur einmal vor, doch in zweierlei Funktion. Erst schleppt sie (als Subjekt im Nominativ) ein Problem herum, im zweiten Teil wird sie zum Objekt, denn das Problem lähmt nun die Mannschaft (Akkusativ). Es hilft nichts, die Mannschaft muss in diesem Satz zweimal vorkommen. Vielleicht so: «… das die Mannschaft mit sich herumschleppt und das sie lähmt.»

Die Große Koalition im Bund wollte Menschen mit Kindern besserstellen und schlug vor, «Eltern bei den Rentenbeiträgen zu entlasten und im Alter einen Zuschlag zu zahlen». Das Unbehagen, das wir (nur bei der Formulierung) empfinden, ist schnell erkannt. Das Wort «Eltern» steht im ersten Satzteil im Akkusativ, im zweiten, wo wir uns das Wort «Eltern» denken sollen, stünde es im Dativ. Da wären die Eltern also besser durch ein «ihnen» vertreten worden: «… und ihnen im Alter einen Zuschlag zu zahlen.»

Zum Stichwort Eltern passt der Ausruf eines verzweifelten Vaters: «Nur meine Frau und Kinder halten mich noch aufrecht!» So betroffen wir beim Hören auch sind und so sehr wir die Kürze anerkennen müssen, irgendetwas stimmt auch hier nicht. Wieder steht ein Wort nur einmal da, soll aber ein zweites Mal gedacht werden. Und siehe da, bei diesem zweiten Mal hat es sich gewandelt. «Meine» Frau ist Einzahl, weiblich. Aber «meine» Kinder, das ist Plural, sächlich. Also verlangt unser Sprachempfinden das Wort zweimal: «Meine Frau und meine Kinder …!»

Es mag kleinlich wirken, aber die Regel ist nun mal, dass auch Artikel wie «die» zweimal auftreten sollten, zum Beispiel wenn sie einmal einen Singular, dann einen Plural meinen. Um den Fehler vorzuführen: «Die Härte und Vorzüge der Grammatik fallen ins Auge, vor allem bei einer Betrachtung der Fehler und Qualität solcher Sätze.»

Eine Ratsfrau klagte: «Wir haben in der Stadt sehr viele Alkoholiker und Gewalttätigkeit.» Ein Journalist schrieb, viele glaubten, «dass alle Erfahrung und Wissen nicht der Weisheit letzter Schluss sind». Ein Gewerkschaftler: «Wir haben zu viele Auseinandersetzungen und Konfliktfähigkeit in den Betrieben verloren.» Hier passt die Mengenangabe («sehr viele», «alle», «zu viele») zum ersten Glied der Aufzählung, aber nicht mehr zum zweiten.

Dass die variierte Wiederholung recht oft unterbleibt, kann ich mir nur damit erklären, dass die Regel, kein Wort zweimal zu verwenden, noch viel mehr beachtet wird als unser aller Wunsch, die Feinmechanik eines Satzes gut laufen zu lassen.

Es gibt auch Verbformen, die man wiederholen muss! Nämlich immer dann, wenn sie im selben Satz Verschiedenes bezeichnen. «Ich habe etwas Vermögen und auch schon Pläne entwickelt.» Für manche Menschen ist meine Forderung wohl eher eine Zumutung. Wer empfindet denn, dass es zweimal ein verschiedenes «habe» ist? Oder doch?

«Das Fest wird von der Firma bezahlt und etwa zwei Stunden dauern.» Nein, keine Beanstandungen? Nun gut, dann zitiere ich noch einen letzten, einen unsympathischen Fall, den Sie so oder so ablehnen müssen: «Ich werde bald Chef und dann viele entlassen.»

Die Ahnungslosigkeit von diesen Dingen

Es herrscht eine allgemeine Verdrossenheit. Doch wer über diese Zustände im Land einen Leitartikel zu verfassen hat, möchte die Stimmung nicht nur so vage wabern lassen, sondern Ross und Reiter nennen. Daher schreibt der Herr Chefredakteur von der «Verdrossenheit *an* Berlin». Er kann sich zurücklehnen, denn er hat die Dinge beim Namen genannt. Weil er sein Kunststück wiederholen möchte, schreibt er noch, wir alle spürten einen «Verdruss *an* der Steuerpolitik». Man versteht ja, aber ist diese Kunst, Wörter zu kombinieren, denn gestattet?

Verdrossenheit und Verdruss sind eigentlich Wörter, die gern allgemein bleiben wollen, denn so sind sie geprägt und jahrhundertelang gebraucht worden. Jetzt hängt man ihnen etwas an. Und da der Chefredakteur gerade die Stimmung malt, fällt ihm noch ein anderes gutes Wort ein: Unmut. Ja, Unmut herrscht! Und da auch dieser Unmut noch zugespitzt sein will, schreibt er: «Der verbreitete Unmut *an* der schwarz-roten Politik …»

Wir geben es ja zu, es ist schwer, die Stimmung zu beschreiben, wenn man hauptsächlich Worte zur Verfügung hat, die sich nicht gut auf etwas beziehen lassen. «Unmut über» die Politik? Ginge schon eher. «Groll gegen» diese Politik. Passt. Soll man ebenfalls «Unmut» mit «gegen» konstruieren, «gegen die Berliner Politik»? Ja, vielleicht.

Nun kommt der Verfasser auch noch auf unseren «Abscheu *über* die rechte Gewalt» zu sprechen. Das ist ebenfalls leicht ungewohnt, wird jedoch üblich. Früher zeigte man Abscheu. Punkt! Das Verbrechen erregte meinen Abscheu. Notfalls zeigte man einen «Abscheu *vor* dem Verbrechen», jetzt empfindet man einen Abscheu «über» etwas. Das erinnert mich an das Problem, richtig von Feindschaft zu reden. «Die Saudis und ihre Feindschaft *zu* Israel» kann man lesen. Sollte man besser schreiben «Feindschaft mit …»? Das hätte einen anderen Sinn, denn dann spürten auch die Israelis diese Feindschaft. Doch ist man immerhin «mit» jemandem verfeindet. Feindschaft «*gegen*» Israel? Vielleicht. Feindschaft gehört ebenfalls zu den Wörtern, die sich einer Konstruktion verweigern. Allenfalls kann man von einer Feindschaft «zwischen» zwei Nationen sprechen.

Es geht um die sprachliche Konstruktion, nur herrscht *darüber* allgemeine Ahnungslosigkeit! Auch dieses Wort «Ahnungslosigkeit» soll oft genauer bestimmt werden, und so schreibt man eben: «Es gibt eine verbreitete Ahnungslosigkeit *von* diesen Problemen.» Gern geschrieben wird auch von einer Unwissenheit *über* Lösungen. Nur – gern gelesen wird das nicht, und nach meiner Meinung ist es auch nicht erlaubt. Aber üblich, nicht zuletzt bei Journalisten. Die Unwissenheit vieler meiner Kollegen *über* die Zusammenhänge liegt an deren Ahnungslosigkeit *von* den Gegebenheiten.

Um es nun doch einmal so hinzuschreiben, wie ich es gern gelesen hätte, biete ich einen Vorschlag zur Güte: «Leider herrscht Unwissenheit, die Gegebenheiten sind unbekannt, Ahnungslosigkeit ist verbreitet.» Statt an Hauptwörter (mit Hilfe einer Präposition) gleich das nächste Hauptwort anzuhängen, könnte man es mit Verben versuchen: «Die Leute tun sich schwer, ja sie sind ahnungslos, wenn es um Eleganz geht.» So ungefähr.

Wenigstens zwischen Ihnen und mir herrscht da hoffentlich Einigkeit. Das wäre gut (auch sprachlich gut). Was aber, wenn Uneinigkeit herrschte? Gar Uneinigkeit «über» die Regeln? Dann ergäben sich erneut Schwierigkeiten. Denn mit den verneinten Hauptwörtern ist es dieselbe Krux. Auch sie wollen lieber allein sein, sie mögen es nicht, wenn man ihnen eine Präposition anhängt. Wagt jemand dennoch Konstruktionen, zeugt das eher von einer verbreiteten «Unlust zum Nachdenken».

Bei mir jedenfalls herrscht ein steigendes Misstrauen *an* diesen Konstruktionen. Doch hege ich noch keine Befürchtungen *über* einen Sprachverfall. Nein, das sollte ich besser so ausdrücken: Ich misstraue diesen Konstruktionen, befürchte jedoch keinen Sprachverfall.

Liebe ist ... wie die Hölle
«Erfolg ist, im richtigen Moment das Richtige zu tun.» So lautete ein Werbespruch, den sich unsere führende Bank geleistet hat. Die Logik dieses Satzes ist, das merkt man schnell, schreiend falsch. Denn Erfolg «ist» natürlich kein Tun, sondern es *folgt* allenfalls aus einem Tun, etwa aus dem Geschick, «im richtigen Moment das Richtige zu tun». Doch man ist ja nachsichtig mit Werbeleuten. Sie haben es nicht leicht, und vor allem: Sie sind extrem beeinflusst von dem, was gerade üblich ist.

In diesem Fall hat natürlich die merkwürdige Folge «Liebe ist ...» Pate gestanden. Schon vor mehr als drei Jahrzehnten, 1974, begann die Bildzeitung, diese Textchen zu drucken. Erfunden worden waren sie sechs Jahre zuvor von der Neuseeländerin Kim Casali, die mit solchen kleinen Botschaften ihren Liebsten zu gewinnen wusste. Sie versteckte Kärtchen überall, wo er sie finden musste, und sie alle begannen mit «Love is ...» Die Los Angeles Times druckte das Produkt seit 1971 täglich.

Doch, Pech gehabt, auf Deutsch will das im Grunde gar nicht gehen: «Liebe ist, wenn man ständig an jemanden denken muss.» Das erinnert stark an Kalauer, die unter Studenten im neunzehnten Jahrhundert kursierten. Unter dem Schein, eine pompöse Definition zu liefern, sagte man: «Armut ist, wenn man nichts hat» oder «Schmerz ist, wenn es weh tut». Das galt als komisch, weil man damit auch das gemeine Volk veräppelte. Heute nicht mehr. Bittet ein Juraprofessor einen Studenten um die Definition des Begriffs «Sachmangel», so sagt der ohne Zweifel: «Sachmangel ist, wenn jemand ...»

Da fallen die zärtlichen Botschaften kaum mehr auf: «Liebe ist, wenn man ihn verwöhnen will.» Nur, leider kann man den Kerl auf diese Weise nicht mit gutem Deutsch verwöhnen.

Das wussten auch die Bild-Leute, und sie mogelten sich an der Kalauer-Klippe oft vorbei, indem sie es ohne das «wenn» versuchten, mit einem Infinitiv: «Liebe ist, ihn zu ermutigen, wenn er es braucht.» Oder auch: «Liebe ist, ihm ein gemütliches Heim zu zaubern.» Ein Sprachfreund kann auch damit nicht glücklich werden. Denn all diese schönen Unternehmungen wie Verwöhnen, Ermutigen oder Zaubern sind ja allenfalls Ausdruck von Liebe, sie sind nicht die Liebe selbst. Schon gar nicht eine Definition der Liebe.

Daher könnte man nur sagen: «Es muss Liebe sein, wenn man ständig an jemanden denkt.» Es ist ein Zeichen von Liebe ... Oder auch: «Man nennt es wohl Liebe, wenn man ihm ein Heim zaubern will.» Doch – was rede ich? Geben wir es einfach zu, dass ein neuer Standard geschaffen worden ist. Und so schreibe ich es bereitwillig hin: «Ausreichend gutes Deutsch ist, wenn man wenigstens ungefähr verstanden wird.»

Um doch noch etwas Bildungsgut nachzuschieben: Ein Lexikon bietet die korrekte Art, einen Begriff zu definieren. Allerdings laufen solche Definitionen immer darauf hinaus, dass ein Begriff mit Hilfe seines Oberbegriffs definiert wird. Etwa so: «Liebe ist eines der stärksten Gefühle des Menschen ...» Noch strenger: «Ein Kraftfahrzeug ist ein Fahrzeug, das ...» Mit dieser korrekten Art zu definieren ist es im Alltag vorbei: «Büro ist, wie unter Haien zu schwimmen.» Das geht so durch.

Auch bei den Vergleichen sind wir großzügig geworden. «Das weiß ich noch wie gestern», so lautet längst die Kurzform von «... als wäre es gestern gewesen». Und man versteht ja! «So ein Tag, so wunderschön wie heute», dieser Schlager ist zwar Volksgut geworden, aber ebenfalls nicht gut gebaut. Genauso wenig der Seufzer einer Verkäuferin am Sonnabend Vormittag im Möbelparadies anlässlich einer Reklamation: «Ausgerechnet an einem Tag, so voll wie heute!» Es spricht das Volk. Und irgendwie beneide ich ja meine Zeitgenossen darum, wie verkürzt und doch verständlich sie reden können.

Ähnliche Sätze schnappt man überall auf: «Dann hatte ich einen Zusammenbruch wie ein Kartenhaus.» Von einem Schlagerproduzenten habe ich mal gehört: «Ich hatte Angst wie die Hölle!» Auch dieser Vergleich stimmt nicht, aber ungefähr hat es der Mann getroffen. Angst wie *vor* der Hölle, Angst wie *in* der Hölle ... Oder ganz einfach: «Ich hatte Angst, es war die Hölle.» Das wär's doch gewesen.

Ein Politiker, der den Wunsch der Türkei, Mitglied der EU zu werden, skeptisch sieht, verteidigte seine Ansicht mit diesen vorsichtigen Worten: «In der Türkei fehlt es an der Mentalität wie in Europa.» Zuerst fand ich das etwas schlecht formuliert ... Aber Liebe ist, sagte ich mir, wenn man seinen Mitmenschen verzeiht.

Verlag C.H.Beck

Eike Christian Hirsch
Der berühmte Herr Leibniz
Eine Biographie
2007. 646 Seiten mit 60 Abbildungen. Paperback
(Beck'sche Reihe Band 1766)

«Eike Christian Hirsch hat seine Biografie ausdrücklich als Erzählung angelegt. Er will nicht eine Ikone, sondern einen in seiner Epoche aufgehobenen, aber deutlich über diese hinauswirkenden Menschen beschreiben. Leibniz ist für ihn eine Figur, die ihm mit den Verwerfungen und Brüchen in ihrer Biografie das Verfahren der Annäherung an sie immer von neuem diktiert. Dieser Prozess der kontinuierlichen Revision einmal gewonnener Erkenntnisse und Sichtweisen anhand von Dokumenten und Fakten spiegelt sich durchgehend in seinem Buch. Jenseits der chronologischen Abfolge, die für die Darstellung von ihm gewählt wurde, entsteht so eine eigene, untergründige Dramaturgie.»
Süddeutsche Zeitung

Eike Christian Hirsch
Gnadenlos gut
Ausflüge in das neue Deutsch
2007. 160 Seiten. Paperback
(Beck'sche Reihe Band 1736)

«Er erzählt Geschichten, beobachtet Marotten, berichtet von eigenen Patzern, bringt zum Lachen. Humor – das nützt der deutschen Sprache mehr als der erhobene Zeigefinger.»
Der Tagesspiegel

Verlag C.H.Beck

Eike Christian Hirsch
Der Witzableiter oder Schule des Lachens
3. Auflage 2005. 344 Seiten. Paperback
(Beck'sche Reihe Band 1434)

«Knapp 70 Kapitel erhellen die unterschiedlichen Formen des Witzes, und 700 Kostproben machen die Lektüre zu einer ausgesprochen amüsanten Unterhaltung.»
Montags-Magazin

«Witzig muss keiner sein, Humor aber sollte man schon haben.»
Der Autor in einem Interview mit der Hannoverschen Zeitung